DANS LA NUIT DE DAECH

SOPHIE KASIKI
avec Pauline Guéna

DANS LA NUIT
DE DAECH

Confession d'une repentie

**Robert
Laffont**

À mon valeureux fils

« Si ma mère avait vécu plus longtemps, toute mon existence, j'en suis sûre, aurait été différente. Mais elle m'a quittée trop tôt et m'a laissée avec ce cœur inutilisé qu'aucun homme, aucune femme, n'a jamais pu remplir. »

En attendant la montée des eaux, Maryse Condé

« Il faut tenter de vivre. »

Le Cimetière marin, Paul Valéry

La poussière de la guerre

La route s'étend tel un rideau jaune dans la plaine dévastée. Les bombardements de l'armée de Bachar el-Assad ont creusé des cratères entre lesquels subsistent, çà et là, quelques fermes misérables parfois encore occupées. Mais on ne voit pas les habitants. Jamais. Ils se cachent. Des monticules de terre bordent les cavités comme des lèvres. Ce paysage rongé, déformé par la violence de la guerre qui sévit ici depuis plus de cinq ans, je le traverse en tenant sur mes genoux mon fils endormi caché sous mon niqab. D'un bras, je retiens son corps lourd et chaud. De l'autre, je serre de toutes mes forces le torse maigre d'un homme que je ne connaissais pas hier encore et dont nos vies dépendent aujourd'hui. Malik, notre sauveur.

La moto fonce aussi vite que le permet son moteur fatigué, le vent plaque mon voile noir sur mon nez, ma bouche, et m'empêche de respirer. Chaque minute qui passe, chaque heure depuis notre fuite, compte pour notre survie. À Rakka, on nous cherche, on nous traque. Quand ils comprendront que j'ai réussi à sortir de la ville, c'est ici qu'ils viendront nous cueillir, sur le chemin de la frontière. Malik évite comme il peut les nids-de-poule et les bosses qui gondolent le bitume recouvert de poussière. En amazone instable derrière lui, je suis empêtrée dans mes voiles recouverts à présent, comme tout le pays me semble-t-il, de la poussière morne et jaune de la destruction.

Sur la route, venant en sens inverse, passent à grand fracas des pick-up maculés de boue sur lesquels des grappes de jeunes hommes tanguent autour des 12.7, les mitrailleuses montées sur pied. En tenues militaires de camouflage un peu disparates, ils ont la barbe et les cheveux longs, la moustache taillée. Des kalachnikov hérissent leur dos. Poing levé à notre passage, ils arborent le fier sourire du combattant. Jeunes gens venus de tous les pays, on les appelle ici moudjahidine, là-bas djihadistes. C'est l'armée de Daech qui monte au combat.

Notre itinéraire a été calculé afin d'éviter les check-points. Au moindre contrôle, on découvrira que je ne suis pas la femme de Malik – il suffira de soulever le voile qui dissimule mon visage ou simplement de m'interroger en arabe et de voir que je ne comprends pas cette langue. Pour moi, ce serait la mort par lapidation. Pour Malik, la torture et la décapitation. Et mon fils disparaîtrait à jamais dans un orphelinat tenu par l'État islamique.

La moto bute sur une aspérité, elle freine et dérape, puis Malik accélère à nouveau et l'engin se redresse. Je resserre ma prise autour du corps de Hugo dont la tête pèse lourd contre mon épaule engourdie. Nous fonçons vers la frontière turque. Une voiture avec à son bord deux hommes de l'armée syrienne libre (ASL) nous précède, ouvrant la route pour repérer les check-points volants. Une autre ferme la marche. Dans cette dernière, les hommes portent des armes. Ils s'en serviront si nous sommes repérés.

Malgré la peur, malgré l'épuisement et l'inconfort, la somnolence me prend et je pose mon front contre le dos de Malik. Je me demande, effarée, comment j'ai pu me retrouver là, fuyant pour ma vie en portant mon fils endormi, à la merci d'inconnus, dans un pays en guerre.

Cette question, je vais me la poser à de nombreuses reprises dans les mois qui vont suivre. Je vais avoir plus que le temps de l'examiner. J'aurai à répondre à des dizaines d'interrogations anxieuses, douloureuses, incrédules de ma famille, mes amis, la police, aussi. Tous m'enjoindront d'expliquer. J'essaierai. Je chercherai les sources possibles du grand cataclysme qui a balayé ma vie il y a moins d'un an, éclaboussant et blessant au passage mes proches, mon mari, nous mettant mon fils et moi en danger de mort. Je remonterai loin dans le passé, je revisiterai mon enfance, ma jeunesse, je passerai au crible mes erreurs, je ten-

13

terai de faire face avec lucidité à mes insatisfactions et à mes illusions.

Toute trajectoire est singulière. La mienne m'a conduite à rejoindre l'État islamique avec mon fils âgé de quatre ans, à l'aube de mes trente-trois ans.

Je ne suis pas parvenue à dégager d'événement isolé, dans cette galaxie de petites choses qui composent mon existence, qui puisse tout expliquer. L'erreur serait de se rabattre sur la religion comme cause unique et suffisante. Je m'étais convertie à l'islam, j'étais ce qu'on appelle une nouvelle convertie, j'avais embrassé cette religion avec enthousiasme. Mais il serait à la fois paresseux et inexact de dire que c'est pour cela que je suis partie.

Il n'y a pas d'explication étincelante et imparable au drame qui a commencé en février dernier.

1

Une enfance

Je suis née en 1981 à Yaoundé, au Cameroun, mes neuf premières années se sont déroulées dans une bulle de douceur.

Ma mère était une toute petite femme, aussi menue qu'un oiseau, qui avait un cœur d'or. Elle était infirmière en chef dans un dispensaire belge. Sa vie entière était placée sous le signe de l'altruisme.

Elle s'occupait de sa propre mère et de ses jeunes sœurs, soutenait ses oncles, ses cousins. Notre grande maison était pleine de femmes et nous recevions beaucoup de visites. Ma mère ne montrait jamais de fatigue ni de lassitude. Elle savait composer avec la vie, à sa façon lumineuse. Son sourire était extraordinaire. Surtout lorsqu'elle me regardait. Peut-être parce que j'étais la plus petite ? J'étais la prunelle de ses yeux et elle était le centre de mon univers.

J'ai grandi ainsi dans cette vaste maison, entourée de femmes qui étaient belles, qui étaient libres, qui étaient autonomes et indépendantes. Le salaire de ma mère et celui d'une de mes tantes suffisaient à nous faire vivre toutes dans un certain confort. La maison était confortable, nous avions de jolies robes, des repas copieux. Nous ne manquions de rien. Entre nous, on ne parlait que le français, surtout pour nous habituer, nous les enfants, à manier cette langue.

Je n'avais pas le sentiment d'être privée de père, ma mère me suffisait. Des tantes m'avaient raconté que c'était un important commandement de la police maritime. Il est mort quand j'avais deux ou trois ans et je n'ai pas gardé de souvenir de lui, hormis les images nées des histoires qu'on m'avait contées. Il n'existait qu'à travers ces mots. J'ai sûrement eu des amies dans l'école de ma tante. Je n'en ai que peu de souvenirs. Ce que je préférais, c'était être à la maison, jouer dans la cour en attendant ma mère, que je ne quittais plus d'une semelle dès qu'elle rentrait de son travail. Nous étions inséparables. Elle était si fine que je n'avais aucun mal, même enfant, à encercler de mes bras son torse entier. Son odeur et le souvenir de son sourire, c'est tout ce qui me reste.

Personne ne m'a dit que ma mère était malade. Je ne l'ai compris que lorsqu'elle s'est allongée sur son lit pour ne plus le quitter, quelques semaines seulement avant la fin. Son corps ne soulevait qu'à peine le drap.

Mes tantes, mes sœurs, les femmes de la maison m'ont chassée de la chambre. « Va jouer, va jouer dehors » étaient désormais les seuls mots qu'on

16

m'adressait. J'ai obéi. C'est l'éducation africaine.
Là-bas, les enfants ne posent pas de questions et on
ne leur explique pas ce qui se passe dans le monde
des adultes. Je suis allée jouer dans la cour. Maman
est morte.

La maison est pleine de monde. Des membres de
ma famille qui sont venus d'autres régions du pays,
de France aussi, où certains habitent. Alice, ma grande
sœur que je n'ai pas vue depuis longtemps, est arrivée,
elle me serre en pleurant contre son ventre dur : elle
est enceinte de son deuxième enfant. Moi je ne pleure
pas, personne ne m'ayant vraiment expliqué la situation. Il y a foule : notre grande famille, nos voisins,
nos amis, les collègues de maman, des gens qu'elle a
soignés, qu'elle a aidés. Des oncles sont là, frères de
ma mère, frères de mon père, eux aussi me serrent
en pleurant avant de me dire « Va jouer avec les
enfants ». Nul n'a prononcé les mots : *Ta maman est
morte*. Je ne sais pas si j'ai compris. Je les écoute, je
vais dans la cour, mais je ne joue pas. Je m'assieds
par terre jusqu'à ce qu'on me gronde car je salis ma
jolie robe. Je me relève et, sans que quiconque me
prête attention, je retourne dans la chambre que je
partage avec mes cousines. En passant, je regarde par
la porte entrebâillée de la chambre de ma mère. Elle
n'est pas là. Le lit est fait, les persiennes tirées.
    Le souvenir de la messe se mêle à toutes les autres
messes de mon enfance. Rien à voir avec l'église à
Paris ou Châteauroux. En Afrique, les hommes et les

femmes, mais surtout les femmes, sur leur trente et un, ne se contentent pas de prier intérieurement dans un silence respectueux. On ne chuchote pas « Amen », on le clame à pleine voix. Pas de murmures, mais des chants. Même pour un enterrement, surtout pour un enterrement. La musique et les voix se mêlent, qui ressemblent parfois à des sanglots, et je reste immobile entre les membres de la famille.

Mon avenir se décide cette nuit-là. Je partirai à Paris chez ma sœur Alice et son mari.

Quelques jours ou plutôt des semaines passent durant lesquelles je poursuis mon quotidien d'enfant dans cet entre-deux, ce bref moment suspendu où ma vie d'avant a été balayée et où ma vie d'après n'existe pas encore. C'est l'automne. Les gousses des fruits du siris jonchent la cour où elles ne sont plus balayées. Je pose mes pieds nus sur le carrelage du salon, il ne faut pas que je marche sur le trait, c'est mon jeu, c'est moi qui fixe les règles. J'entends les voix des adultes, leurs chuchotements, mais eux ne me voient pas.

Qui a fait ma valise ? Mes tantes maternelles, sans doute. Alice était déjà repartie en France où son mari et son aîné l'attendaient. Elle n'avait pas vingt-cinq ans, ma grande sœur, et elle allait se retrouver avec une petite fille de neuf ans abrutie par le chagrin sur les bras. Pas un cadeau.

Je quitte ma chambre, mon pays, mon univers. Tout disparaît avec ma mère. Devant moi, le néant. Et la peur.

C'est la première fois que je voyage en avion.

À Paris, je retrouve Alice et son mari Serge qui m'attendent à l'aéroport avec leur fils. Serge est un grand homme sérieux et calme. Je vais bientôt découvrir qu'il est capable de passer des journées entières sans parler. Ce qu'il aime, en rentrant du travail, c'est retrouver le calme d'un foyer sans histoire, regarder la télé avec sa femme une fois les enfants couchés. Il n'a pas demandé à adopter une petite fille farouche et renfermée. Montrant peu d'intérêt pour la psychologie, il n'est pas à l'aise avec les grands discours et l'expression des sentiments. Mais il sera pour moi un roc incassable. Il me prend dans sa famille, pour le meilleur et pour le pire, sans jamais se plaindre. Ma nouvelle vie peut commencer.

Le périphérique mouillé, le ciel gris, les bouchons, tous ces visages blancs, ces pas pressés. Les odeurs, les sons, tout est différent.

Aujourd'hui, il m'apparaît évident que j'ai fait ce qu'on appelle une dépression infantile. À l'époque, on ne l'a pas diagnostiquée et personne, dans la famille, n'a songé à demander l'aide d'un professionnel pour m'aider à surmonter mon deuil.

Le monde n'a plus de couleurs. J'ai perdu l'Afrique et l'amour de ma mère. Il ne me reste rien. J'ai l'impression que moi-même, je n'ai plus de valeur. Je suis ce poids pesant injustement sur ma sœur et son mari, que j'appelle tonton Serge. Au moment où ils fondent leur famille, les voilà qui trébuchent déjà, obligés de supporter une charge supplémentaire. L'appartement parisien est trop petit, ils n'ont pas les moyens de chercher plus grand dans Paris intra-muros, aussi déménageons-nous bientôt en banlieue, dans une petite ville des Yvelines. Je partage ma chambre avec mes neveux. Je la quitte aussi peu que possible. Je vais à l'école sans râler, mais dès que la classe est finie, je rentre à la maison et je me couche sur mon lit, en boule. Personne ne m'aime, personne ne m'aime vraiment, voilà ce que je me dis, malgré les efforts d'Alice qui se montre patiente. Je n'arrive pas à comprendre qu'elle connaît le même deuil. Je me sens seule. Et surtout, je ne sers plus à rien ni à personne. Il n'existe plus, ce regard marron et lumineux qui se posait sur moi tellement chargé d'amour que j'en ressentais la chaleur dans tout mon corps. Ma mère ne vivait que pour moi. Maintenant qu'elle est morte, je ne suis plus bonne à rien.

La dépression d'un enfant est difficile à appréhender. Je n'ai pas les mots pour me plaindre et ma sœur ne possède pas les outils pour me répondre. Elle se concentre sur les signes extérieurs : elle s'inquiète quand je ne mange pas, me couche à heure fixe, pas trop tard, me laisse garder la lumière allumée toute la nuit parce que j'ai peur. Je suis propre et bien vêtue, à l'heure à l'école, mon cartable fait, ma trousse complète, Alice est toujours ponctuelle pour venir me chercher. Elle fait de son mieux. Pourtant, je m'enferme dans le silence et la solitude. Je regarde le carré du ciel par la fenêtre et il me paraît plus pâle, moins lumineux, moins céleste, même, qu'avant. Je ne me fais pas à ces ciels chargés de nuages, à ce bleu clair et ces dégradés de gris. De l'autre côté de la porte me parviennent les bruits de la famille de ma sœur, je n'arrive pas à considérer que c'est aussi la mienne. J'écoute le babillage de mon petit neveu, bientôt les cris du nouveau bébé, la voix de basse de mon oncle, les rires de ma sœur. Ils sont bien ensemble. Ils n'ont pas besoin de moi.

Tout est neuf et brutal dans ce déracinement, mais j'évolue dans un état second et c'est comme si rien ne me touchait vraiment. Les marronniers ont remplacé les flamboyants. Les branches sont nues près de la moitié de l'année. Les immeubles gris, sales, s'élèvent beaucoup plus haut que chez moi. Le week-end, à la messe, plus de rubans ni de volants, mais des doudounes et des manteaux longs. Même le silence de la ville, ce vrombissement continu de voitures, n'est plus le même.

Mais je suis indifférente à tout cela. On trouve que je m'adapte facilement, parce que je me fiche de tout. Mon grand chagrin me protège du reste. Je m'y love comme dans un vêtement, il ne me quitte plus.

Des heures durant, je convoque mes souvenirs. J'essaie de garder vivant mon passé. Mais malgré mes efforts, j'oublie. J'oublie la maison, les hautes marches et la rampe de fer forgé noir froide sous la paume de ma main. J'oublie l'odeur du pondu de ma mère, cette bouillie de feuilles de manioc et de légumes, et celle des mangues. J'oublie le visage de ma tante, les motifs fleuris de mes draps préférés, l'arc-en-ciel qui se dessinait sur le carrelage de la salle de bains

21

quand je le mouillais en faisant ma toilette, les wax que portait ma mère le week-end quand elle restait à la maison. Tout s'efface : les voix de mes cousins dans la cour, le lézard filant sur le mur aveuglant de soleil, et le rire de ma mère.

Mon passé disparaît.

À l'école, je suis une élève moyenne. Plutôt calme, disciplinée, un peu dans mon monde. Solitaire, indifférente aux autres la plupart du temps. Mais personne ne me cherche de crosses. Les jours se suivent, mornes. L'adolescence arrive, rien ne change, je reste dans mon coin, je continue de rentrer à la maison directement après l'école, refusant les propositions de mes camarades. Rien ne me fait envie.

Mes nièces m'ont sauvée.

J'ai dix-sept ans quand ma sœur est enceinte à nouveau. Elle attend des jumelles. Il va falloir se serrer… On ne peut pas dire que je me réjouisse.

Quand je rends visite à Alice dans sa chambre d'hôpital le lendemain de la naissance et que je contemple ces minuscules petites filles endormies dans leurs couveuses transparentes poussées l'une contre l'autre, une émotion intense me saisit. Je n'arrive pas à articuler un mot.

Alice a l'air fatigué, mais heureux. Un des bébés commence à chouiner comme un petit chat, tétant dans son sommeil, affamé mais pas encore tout à fait réveillé.

« Passe-la-moi », demande ma sœur.

Je soulève le nourrisson avec d'infinies précautions. J'ai l'habitude de porter des bébés et pourtant je suis bouleversée. Elle est si fragile et pourtant si vivante. Blottie dans mes bras, ne dépendant que de moi, confiante et inconsciente à la fois. Quelque chose en moi change à cet instant.

Je deviens une petite maman. Quand ma sœur noue l'une dans un pagne sur son dos, je prends l'autre. Quand elle nourrit l'une, je m'occupe de l'autre. Je sors dans la rue, fière comme une reine. Bientôt, les petites sont folles de moi. Elles me réclament quand je ne suis pas à la maison, elles me font la fête quand je rentre. Je reprends goût à la vie.

Parce que je commence à sourire, les autres me découvre enfin. Je reçois des invitations, je me fais de vrais amis. Sans m'en rendre compte, je sors de cette longue période de deuil qui a duré huit ans. Il a fallu pour cela que je trouve ma place, que quelqu'un compte sur moi. Que je me sente utile à nouveau.

2

Nouveau départ

Les filles pleurent comme des Madeleine quand on charge le dernier carton dans la voiture. Et je n'en mène pas large. Mais j'ai vingt et un ans et il faut bien, un jour, prendre son indépendance. Je ne vais pas très loin. Mon copain et moi avons trouvé un petit deux-pièces. Il y a à peine quelques stations de tram entre chez ma sœur et mon nouveau chez-moi.

Dès que j'en ai l'occasion, je rentre à la maison pour voir les petites. Je supervise leurs devoirs quand leur mère rentre trop tard du travail. Surtout, je leur parle. Je leur offre ce que je n'ai pas eu, ou pas su saisir : une oreille attentive. Alice a un métier prenant dans lequel elle réussit bien. Elle a des horaires contraignants. Mère de quatre enfants, elle est fatiguée. Mon oncle lui aussi travaille beaucoup. Évidemment, ils sont trop pressés pour se consacrer aux peines de cœur, aux histoires de disputes entre copains, aux rêveries de deux gamines. Moi, au contraire, j'ai tout mon temps. Je ne suis jamais aussi heureuse qu'assise sur la moquette dans leur chambre, à écouter leurs bavardages.

J'ai trouvé mon premier travail. J'ai voulu suivre les traces de ma mère et me consacrer aux autres. J'ai donc suivi une formation d'éducatrice spécialisée. J'exerce d'abord auprès d'adolescentes en situation difficile. Puis, pour mon premier poste en CDI, auprès de personnes handicapées logées dans un centre au Kremlin-Bicêtre. Je dois avouer, même si j'ai honte de ma réaction, que j'ai d'abord été réticente. Je m'étais représenté une salle pleine d'adultes avec des drôles de têtes, végétant la bave aux lèvres dans un établissement sordide. J'étais dégoûtée, effrayée. Mais je n'ai pas beaucoup d'expérience, les offres ne pleuvent pas, j'accepte.

Le premier jour, j'y vais la boule au ventre, décidée à me montrer forte, prête à me blinder. En effet, je me trouve face à des adultes dont certains ont des drôles de têtes et d'autres bavent. Mais auprès d'eux, je vais vivre la plus riche des expériences humaines.

Dès les premiers instants, je saisis l'importance de notre rôle à nous, les éducateurs. Les adultes qui échouent dans ce centre souffrent de divers handicaps, mais tous répondent avec reconnaissance et humour à la moindre marque d'affection ou simplement de respect. Auprès de l'équipe, je change mon regard sur le handicap. Je gagne en maturité, j'essaie de venir en aide à des gens dont la réaction n'est pas toujours prévisible. J'apprends à écouter vraiment. Je développe ma capacité d'empathie et je constate que c'est comme un muscle qui s'affermit à mesure qu'on l'entraîne. Je ne me blinderai plus jamais comme au premier jour, face à la souffrance et à la détresse des personnes dont je m'occupe. Au contraire, j'ouvre mes sens et je les écoute.

De cet effort pour aider autrui, je suis grandement récompensée. La moindre attention, la moindre gentillesse me sont rendues au centuple avec une spontanéité et une absence de calcul totales.

Les journées sont longues et dures parfois. Il y a des crises, d'angoisse, d'épilepsie, de colère. C'est un métier complet, qui met à l'épreuve mes qualités psychologiques, ma force physique, ma patience. Il m'arrive de pleurer de fatigue en rentrant. Mais chaque fois que je caresse l'idée d'arrêter, quelque chose me retient : un regard, un sourire, une main qui se tend.

Et puis, à travers ce travail, je retrouve ma mère.

En prenant soin des autres, en me rendant utile, je découvre ce qui a été son moteur durant toute son existence. Des souvenirs que je croyais disparus me reviennent parfois à l'improviste quand je rentre, cahotée dans le métro. Il m'arrive de me dire qu'elle serait fière de moi. Je n'en parle jamais, même pas à ma sœur ni à mes tantes, mais je chéris son souvenir dans le secret de mon cœur. Ma vie continue de ne tourner qu'autour d'elle et je sais qu'il vaut mieux que je ne m'en vante pas : personne ne comprendrait que, si longtemps après, je reste comme roulée en boule autour de ma mère disparue.

26

Puis je rencontre Julien par l'intermédiaire d'amis communs et je tombe amoureuse de lui, de son calme, sa maturité, son assurance. Ma confiance en lui est totale dès le début. Nous avons l'impression de nous connaître depuis longtemps. Entre nous, c'est comme une évidence. Nous sortons tous les deux d'une longue histoire et nous sommes à la recherche, dès le départ, d'une relation durable. Julien est plus âgé que moi, il a déjà deux filles, mais je veux fonder une famille et nous parlons très vite d'avoir un enfant. Pour la première fois de ma vie peut-être j'envisage qu'il est possible que, moi aussi, je sois heureuse.

Lorsque j'apprends que je suis enceinte, je sais qu'il va falloir que je change de travail. Il est impossible de continuer, les trajets très longs m'exténuent et je prends des risques pour ma grossesse en forçant pour aider un patient à se lever de son fauteuil ou en le retenant dans une chute. Mais je verse de grosses larmes lorsque s'achève ma dernière journée de travail. Je dis adieu à tous ces gens et à mes collègues, avec qui j'ai partagé des moments si intenses.

3

Maison de quartier

Hugo a un an. Il va bientôt aller à la crèche. J'ai beau le sentir prêt – c'est un petit garçon en bonne santé, plein de vie, qui lorgne déjà, au parc, vers les autres enfants, vif et plein d'entrain –, j'hésite un peu. Il va falloir sortir de cette petite bulle que je nous ai construite, où nous n'étions que tous les deux chaque jour pendant de si longues heures, en attendant le retour de Julien, qui est instituteur.

Moi aussi, il va falloir que je la quitte, cette bulle enchantée, pour retourner dans le monde et recommencer à me confronter au quotidien. Est-ce que j'ai peur ? Est-ce la bonne vieille ombre de la dépression qui me suit depuis si longtemps que je vois se profiler à nouveau ? Je ne veux pas y penser. Je chasse les idées noires. J'ai envie d'être une mère forte et rassurante pour mon fils. Je refuse de me laisser engloutir.

Je cherche du travail près de chez moi. Il faut que je puisse être de retour pas trop tard le soir, car Hugo est ma priorité. Rapidement, je trouve le poste de mes rêves à la maison de quartier dans la ville voisine : je serai chargée de l'aide aux familles.

Située à quelques kilomètres au sud de Versailles, cette ville est riche et plutôt bourgeoise. Les sièges de plusieurs grosses entreprises y sont implantés. Mais elle est frontalière de cités moins favorisées. À l'intérieur même de l'agglomération, certaines rassemblent l'essentiel de la population en difficulté. C'est là qu'est située la maison de quartier.

Les premiers jours à la crèche se passent bien pour Hugo qui s'éclate avec les autres enfants. Je le dépose le matin en partant. Ma sœur travaille en horaires décalés, elle sort donc en début d'après-midi et le récupère parfois. Puis Julien, lorsqu'il termine sa journée d'instituteur, va le chercher et le ramène à la maison. Quant à moi, mes horaires varient selon les jours, mais nous nous organisons. Notre petit système est bien rodé, tout tourne rond.

Pourtant, je ressens l'impression d'un manque. Une sensation d'insatisfaction, d'inaccomplissement, qui ne me laisse jamais tout à fait en paix. Je suis devenue mère. Je travaille. Je suis mariée. La vie s'écoule. Mais quelque chose ne va pas. Je ne peux pas croire que ce soit tout. Il doit y avoir plus. Forcément.

Il m'arrive de regarder autour de moi, dans le bus, au supermarché, dans la rue. Tous ces visages qui défilent, tous ces secrets, ces vies qui resteront inconnues de moi. Sont-ils heureux ? Est-ce que ça leur suffit, à eux, ce monde-là ? Ça me paraît bien peu, à moi.

La tristesse diffuse de mon enfance est là de nouveau, jour et nuit, j'ai retrouvé ma vieille compagne, la mélancolie, et je m'en accommode. J'ai appris à profiter des hauts et à attendre que les bas passent. Ils finissent toujours par passer. Alors j'attends.

Je perds goût à la vie. Nos soirées sont tristes. Nous qui avons été un couple si fusionnel et si heureux, j'ai l'impression que nous n'avons plus rien à partager. Aussitôt que Hugo est couché, le calme tombe sur la maison. Je commence à craindre que nous n'ayons rien d'autre en commun que notre fils. Julien me regarde me renfermer et je vois bien qu'il ne comprend pas. Je devine ce qu'il pense : « Ça ne te suffit pas, Sophie ? Le bonheur, la vie tranquille, le calme, la paix, ce n'est pas assez pour toi ? »

Non, ce n'est pas assez.

Je ne trouve pas les mots pour dire ce qui me hante. Je ne peux pas croire que ma seule mission sur terre soit d'être la meilleure mère possible et de vivre un jour après l'autre jusqu'à ma mort. Ça ne peut être juste ça. C'est impossible.

Mes journées à la maison de quartier ont la couleur que mes nuits n'ont plus. J'apprécie mes collègues, je me donne de tout mon cœur à ma tâche, qui consiste à soutenir essentiellement, mais pas seulement, des familles issues de l'immigration nord et ouest-africaine. Il s'agit de les écouter, les conseiller et les accompagner dans leurs démarches. Ça peut concerner n'importe quel domaine, la santé, l'école, le travail, les enfants, les activités, des difficultés de tous ordres. Je deviens experte pour actionner les rouages administratifs, je sais à quelle porte il faut frapper, comment accélérer les procédures.

En général, ce sont les mères qui entrent les premières. À la fois intimidées et décidées, elles ont des manières parfois brusques, elles disent ce qu'elles pensent, elles ont de l'humour et l'envie de s'en sortir. Leurs fronts sont plissés de soucis, mais leurs rires fusent sans détour avec franchise. Ce sont elles qui jonglent avec les difficultés du quotidien. Elles travaillent, elles élèvent les enfants, elles se font des nuits d'encre en pensant à l'avenir, elles supervisent les devoirs sans toujours bien les comprendre, elles lancent « Allez, regarde devant toi et avance ! » à leur petit qui pleure le jour de la rentrée, puis elles s'en vont sans se retourner et se cachent pour essuyer leurs larmes. Elles pansent les blessures. Elles sont rusées, calculatrices, généreuses, chaleureuses. Prêtes à tout pour leur famille. Hospitalières, élégantes, pleines d'humour, courageuses. J'ai l'impression de tomber amoureuse de toutes ces femmes à la fois car en chacune d'elles, c'est un peu de ma mère que je retrouve. Toutes, elles ont un peu de cette énergie solaire dont le souvenir me porte et me blesse à la fois.

Derrière elles, il y a la bande des petits qui investit chaque soir après la classe le bureau de l'aide aux devoirs et la ludothèque, comme un troupeau bruyant, bruissant et gai. Et puis les plus grands. Des grappes de filles aux yeux méfiants et à la langue bien pendue avec leurs queues-de-cheval tirées et leurs tenues savamment négligées. Elles sont inséparables, on ne voit jamais l'une sans toutes les autres. Expertes en claquements de langue et autres onomatopées méprisantes, elles dissèquent impitoyablement à longueur d'après-midi la complexité des relations sociales. Rien ne leur échappe.

Et puis il y a les garçons. Des adolescents qui entrent dans le centre d'une démarche chaloupée, d'un air buté et désinvolte, et qui se hissent sur les rampes comme des essaims d'étourneaux. Nerveux, matamores, ils se laisseraient découper en rondelles plutôt qu'admettre une faiblesse, mais ils sont serviables, respectueux de leurs aînés, gentils. Il suffit de les saluer pour recevoir en retour un concert de « B'jour m'dame. – Mais dis-lui pas madame c'est Sophie, vous allez bien ? Je peux vous aider à porter votre sac ? – Fais pas ton serviable, wesh. » Ils sont drôles, moqueurs, pas tendres, rancuniers, aussi impitoyables que leurs sœurs.

Notre ambition, à nous les éducateurs, est de trouver et d'encourager des dynamiques communes. On essaie de mélanger, tout mélanger. Les générations, les populations, les sexes. On organise des après-midis gâteaux, des soirées, des spectacles. Les femmes arrivent en bandes dans leurs habits de sortie, toutes colorées et chatoyantes, portant des Tupperware et des assiettes tapissées de papier alu, et déposent sur les tables couvertes de nappes en papier des montagnes de victuailles. Thiéboudienne, attiéké, riz jolof, sauce d'arachide, gombo, poulet yassa, gâteau aux dattes et au miel, beignets sucrés, salés, halwat tabaa, tchoutchouka… Ensuite elles restent en groupes à parler et à rire, pendant que leurs fils traversent la salle de danse avec l'air d'une meute de loups à l'affût avant de ressortir tenir le mur en se poussant et en s'insultant nerveusement, rendus littéralement incapables, aussi bien par l'âge que par la présence de leurs mères, d'aborder les filles qui, elles, ne quitteront pas la salle, s'asseyant sur les genoux les unes des autres et se moquant cruellement de tout ce qui passe à portée de leur regard aiguisé. Quant à nous, les animateurs, nous circulons toute la soirée d'un groupe à l'autre. Ce ne sont pas vraiment des succès, mais l'ambiance est toujours au rendez-vous.

Nous organisons aussi des après-midi culturels auxquels participent principalement des femmes. Là encore, nous rencontrons des problèmes. Les Françaises, du moins celles qui se considèrent comme telles, c'est-à-dire qui ne sont pas issues de l'immigration, reprochent aux autres de parler arabe. J'interviens auprès des mères de famille venues du Maghreb pour réaffirmer l'importance de parler français lors de ces sorties, et d'une manière générale au centre. « Ce n'est pas agréable de se retrouver avec vous si vous parlez ensemble en arabe. On n'a pas l'impression que vous voulez vous mélanger aux autres. On se sent exclus.

— Je ne suis pas sûre qu'elles aient très envie de se mélanger non plus, rétorque l'une des femmes, que j'aime bien.

— Écoute, moi non plus je ne parle pas arabe, et j'aimerais bien comprendre ce que vous dites.

— Toi, c'est différent », coupe-t-elle.

Elles promettent de faire un effort, mais dès qu'elles se retrouvent entre elles, elles oublient et recommencent. C'est la force de l'habitude. On ne cesse de se battre contre ça.

De l'autre côté, une des dames qui fréquentent les après-midi culturels avec le plus de constance finit par venir me voir dans mon bureau.

« J'aime beaucoup les sorties que vous organisez, Sophie. Mais je trouve qu'il y a trop de femmes comme… comme elle. »

Elle désigne du menton une Africaine qui passe dans le couloir, venant chercher son fils au centre d'aide aux devoirs. Je me raidis.

« Comment ça ?

— Vous voyez ce que je veux dire. Elles ne s'intéressent pas vraiment à la culture, d'ailleurs, elles viennent surtout pour se retrouver entre elles. On aimerait que vous fassiez des groupes plus… moins… »

Je lui demande d'une voix plutôt sèche :

« Vous m'avez regardée, Christiane ?

— Oh mais vous, c'est différent », élude-t-elle.

Bon, là-dessus au moins, tout le monde semble d'accord.

Toutes ces initiatives se soldent par des échecs, bien sûr. Nos bonnes intentions bousculent les préjugés, la force de l'habitude, la ségrégation, qu'elle soit volontaire ou subie. Elles se heurtent aux mauvaises pratiques, à la fainéantise de certains, au manque de foi. Mais on ne désarme pas. Le soir, l'équipe se réunit, tous les responsables des différents secteurs, pour faire naître de nouvelles idées, imaginer des solutions. On a de l'énergie. On n'est jamais tous découragés en même temps. Quand l'un d'entre nous est prêt à baisser les bras, un autre le motive et ça repart. Ainsi, les concours de cuisine succèdent à la zumba, les soirées chantées aux sorties gratuites. On recommence, encore et encore, inlassablement. La tâche est d'importance : il s'agit de faire vivre ensemble le peuple français venu de partout sur la terre, de lui faire prendre conscience qu'il n'est qu'un. Philosophique ? Utopiste ? Peut-être. En tout cas, on essaie.

Le soir, à la maison, je n'ai plus d'énergie que pour Hugo. Puis je m'écroule.

Julien et moi nous éloignons l'un de l'autre, sans haine et sans cris, sans colère, presque sans nous en rendre compte.

Ma famille continue de fréquenter assidûment les églises chrétiennes de Seine-Saint-Denis et des Yvelines. Moi je ne pratique plus depuis la mort de ma mère. Les rituels et les chants, la gaieté de la communauté, tout me semble forcé. Je ne me retrouve pas dans ces cantiques lancés à pleine gorge, dans la danse non plus. J'ai laissé la religion de ma mère à Yaoundé et depuis, peut-être, une place est vacante.

C'est l'islam qui va la prendre.

Je n'ai pas rencontré d'imam persuasif ou de prédicateur illuminé. Aucun démagogue n'a croisé mon chemin, personne ne m'a abordée pour me montrer la voie ou me laver le cerveau. Cette religion, on ne me l'a ni transmise ni imposée. Je l'ai choisie toute seule. Mon parcours contredit l'idée que des imams prosélytes seraient à l'œuvre pour recruter parmi le bon peuple de France. J'ai rencontré mon premier imam alors que ma décision de devenir musulmane était déjà prise et je ne suis pas la seule dans ce cas.

À la maison de quartier, l'islam n'est pas l'unique religion mais elle est la plus courante, que ce soit parmi les familles que nous suivons ou parmi le personnel. Les pratiques semblent aussi variées qu'il y a d'individus. On entend parler des fêtes et des rituels les plus suivis, le ramadan et l'aïd el-kébir. Ensuite, chacun procède à sa façon. Certaines femmes couvrent leurs cheveux mais pas toutes et même parmi celles qui le font, il y a des variations importantes entre le simple foulard et le *hijab*. En dehors de l'interdiction de manger du porc qui est respectée unanimement, la pratique paraît souple. Je parle souvent de religion avec Aïcha, une des mères de famille que j'accompagne professionnellement. Elle est loin d'être une dévote ou une fanatique, elle a beaucoup réfléchi à sa religion et nos discussions me font du bien. Je lance quelques recherches sur Internet, j'achète des livres, un coran bien sûr ainsi qu'un gros recueil de hadiths regroupés sous le titre *Sahih al-Bukhari* : il s'agit de relations de la vie du Prophète collectées par le savant Mohammed al-Bukhari. J'ai aussi un livre jeunesse pour apprendre à faire la prière. J'étudie. Et je trouve des choses qui me touchent au cœur.

Pour commencer, le fait qu'il n'y ait nul besoin d'un intermédiaire entre Allah et le croyant me semble une chose juste. J'approuve les impératifs de charité, de travail sur soi, de réflexion. La tolérance est prônée par l'islam, même si ce n'est pas ce qui transparaît aujourd'hui. Les règles sont susceptibles de s'adapter à chaque situation particulière. Ainsi, une personne malade ou une femme qui a ses règles ne sera pas tenue de pratiquer le ramadan. À chacun d'évaluer sa force et sa résistance. Cette religion, dans son intention, est selon moi très éloignée de l'hypocrisie. L'important ne se trouve pas dans les apparences, mais dans le for intérieur.

Je suis ainsi mon propre chemin vers l'islam. Je me l'enseigne à moi-même. Je deviens musulmane d'abord dans le secret. C'est une démarche profonde, intime, dont je parle peu autour de moi.

Cette religion va emplir, de plus en plus complètement, le vide de mon cœur. Je commence à penser que la clé d'une existence qui aurait du sens repose dans la religion, et plus spécifiquement dans la pratique de l'islam. C'est un chemin personnel. Cesser de manger du porc me coûte, parce que je n'en saisis pas l'impératif. Cela ne répond à rien de ce qui me semble important. Mais je m'y contrains. La pratique quotidienne de la charité en revanche, pour entraîner son cœur à demeurer ouvert à la détresse d'autrui, m'apparaît avec la lumineuse clarté de l'évidence. Car on se blinde, on évite de voir tous ces oubliés de notre système, on les efface de notre champ de vision. On les chasse de nos pensées où, si on les laissait entrer, ils gâcheraient notre bonheur. Continuerait-on de manger, de rire, de dormir en paix si on avait en permanence à l'esprit la douleur et la détresse ressenties à ce même instant par un homme ou une femme en tout point notre égal ? Alors on ferme les yeux. L'islam refuse ce repli égoïste et propose une solution pratique – car c'est une religion pragmatique.

Je me suis convertie par un après-midi d'hiver et l'absence totale de cérémonial a satisfait très profondément mon désir de continuer sur ce chemin intime et personnel. Cela s'est passé dans une mosquée des environs. La *shahada*, la profession de foi musulmane, ne réclame que deux témoins (masculins) musulmans. Elle peut se dérouler n'importe où. Elle consiste à dire qu'on a choisi librement sa foi. On rejoint alors la communauté des croyants.

Je suis allée aborder l'imam à la fin de la prière des femmes du vendredi. Je lui ai raconté mon itinéraire et ma vie, en quelques mots, mon désir de me convertir. Il m'a écoutée avec bienveillance, m'a conseillé de progresser dans ma découverte de la religion. Lorsque je me suis sentie prête, je suis retournée le voir et il m'a trouvé deux témoins. Le jour dit, je suis accompagnée de mon amie Aïcha et de ses deux enfants. On nous installe dans un salon très simplement meublé de canapés poussés contre trois des murs et couverts de coussins. Dans des cadres, des sourates en arabe que je ne sais pas encore déchiffrer car je viens tout juste de commencer l'apprentissage de l'arabe classique. Une fenêtre ouvre sur la dalle entre les immeubles. La propreté est méticuleuse.

La cérémonie se déroule tout simplement. Devant mes témoins et mon amie, je prononce les mots que j'ai appris par cœur : « *Achhadou an lâ ilâha illallâhou wa achhadou anna mouhammadan rasoûloullâh* » qui signifient : « J'atteste qu'il n'y a pas de divinité excepté Dieu et j'atteste que Mahomet est le messager de Dieu. »

Ça y est, je suis musulmane.

Nous buvons un thé en discutant. Je suis heureuse mais pas exaltée. Je me dis juste que désormais, peut-être, mes prières et mes vœux seront entendus. Nous repartons sous la pluie.

Je n'ai rien dit à Julien. Issu d'une famille de province de tradition catholique, mon mari est un athée fervent. Selon ses propres mots, il a été traumatisé par le catéchisme et il considère toutes les religions comme abrutissantes. Pour lui, elles sont à l'origine des plus grands massacres qu'ait connus l'humanité. Quand elles ne les ont pas franchement initiés, elles les ont cautionnés. Il met dans le même sac les trois

39

monothéismes. Pour lui l'Église est une secte, la foi un embrigadement volontaire, ou une folie, la pratique un aveuglement programmé. Je ne pourrai jamais lui faire comprendre ce que cette conversion représente pour moi et je n'ai pas envie qu'il se moque. Je préfère me taire.

Je continue à cuisiner la même chose à la maison mais il remarque, bien sûr, que je ne mange plus de jambon par exemple. Comme il ne peut que constater, au bout de quelques mois, que je commence à me couvrir la tête. Je ne veux pas porter un voile strict, il n'est pas question que je revête un hijab. Je suis féministe, je ne suis pas pour rien la fille d'une femme aussi libre que l'était ma mère. Un tissu léger dans les cheveux et sur la poitrine suffit pour se conformer à l'injonction de pudeur. Les hommes non plus ne sont pas censés s'exposer, selon la religion. Je reste coquette et attachée à mon apparence. Je commence donc à nouer un turban dans mes cheveux. Julien regarde ça en coin, défiant mais silencieux.

Un samedi qu'il est au marché avec Hugo alors que je suis à la maison de quartier pour préparer une soirée à thème, il tombe sur Aïcha.

« Ça ne t'embête pas que Sophie se soit convertie ? »

Il accuse le choc, répond par une banalité et esquive la conversation. Quand je rentre, tard le soir, il me dit, incrédule : « Tu t'es convertie à l'islam et tu ne m'en as pas parlé ?

— Je savais que ça ne t'intéressait pas. Je n'avais pas envie de t'embêter. »

Julien a l'air triste.

« Je t'aurais écoutée si tu m'en avais parlé.

— Je sais que la religion, c'est pas ton truc. Mais moi, ça me fait du bien, c'est tout.

— Du moment que tu ne deviens pas une tarée d'intégriste. Tu sais que les néo-convertis sont les pires...

— Pas de risque. »

Je conclus la discussion d'un revers de la main catégorique.

C'est tout. On n'en parlera pas plus que ça. Évidemment, le fait de ne pas partager avec lui cet événement qui a une très grande importance pour moi contribue à nous éloigner davantage. Il reste peu du couple entre nous, dès lors que nous avons cessé de nous confier l'un à l'autre.

Je rapporte un petit tapis de prière que je roule dans un coin et je prends garde de ne pas envahir la maison avec ma foi. Julien et moi nous retrouvons au moins sur une chose : la religion est une affaire privée.

À la maison de quartier, bien que je sois restée discrète, ça commence à se savoir. Quelques personnes me félicitent. Ce n'est toutefois pas le centre des conversations. Les conversions ont toujours existé, partout où cohabitent différentes religions, et c'est aussi un sujet de satisfaction. Les gens ne demeurent pas confits toute leur vie dans leurs certitudes de départ. Une religion, ça se rencontre, ça se choisit.

C'est une démarche personnelle, du moins ça devrait l'être.

Pourtant, ma conversion ne me rend pas le bonheur. Ce n'est qu'une étape dans une très longue et très profonde crise morale. L'islam ne m'apporte pas de réponse mais il me donne, dans les premiers temps, des outils de réflexion, des pistes, peut-être, pour penser le monde. Je suis engagée dans un processus tortueux. Je cherche un sens à ma vie. Quand on se parlait encore, Julien me disait : « Mais pourquoi veux-tu qu'il y ait un sens ? Profite, savoure, partage. Pourquoi ce qui est suffisant pour les autres ne te convient-il pas ? »

Pourquoi ce qui est suffisant pour lui ne me convient pas, c'est le fond de sa question et je suis incapable d'y répondre. Tout simplement, il faut que tout ça ait un sens. J'ai besoin qu'il y en ait.

Et je cherche, comme une créature dans le noir, pour reprendre une image religieuse. Mais c'est vraiment ce que je ressens. J'ai l'impression d'être un insecte aveugle et de me cogner, inlassablement, contre la même fenêtre, alors qu'il suffirait d'une main charitable pour qu'elle s'ouvre et que je m'envole vers le ciel, vers la lumière.

La direction de la maison de quartier a changé. La nouvelle équipe est proche de la mairie, ancrée à droite, qui tient un discours musclé sur les thèmes de l'immigration, de la délinquance, de la sécurité. Signe des temps. Des subventions ont été supprimées. Les

42

programmes culturels et sociaux sont les premiers visés. La maison de quartier est amputée d'une partie de son budget. Nos projets sont retoqués les uns après les autres, sauf ceux qui font rentrer de l'argent, ce qui me rend folle car c'est contraire à notre mission sociale.

Nous souhaitons organiser une exposition mémorielle sur le thème de la traite des esclaves. La mairie refuse à grands cris, arguant que le sujet est trop clivant. Mais si on refuse d'aborder sa propre histoire, on se coupe de soi-même. Les choses ne cessent pas d'exister sous prétexte qu'on n'en parle pas. Les motifs de ce refus me mettent très en colère. Ne voient-ils pas que ce sont eux qui créent ces clivages ? Ils sèment dans les cœurs le mécontentement et la méfiance.

Nous rédigeons, à destination des services compétents de la mairie, des demandes de financement et des dossiers épais comme des annuaires, renseignant des dizaines de questionnaires, agrafant des piles de pièces justificatives, mais tout reste lettre morte.

J'anime depuis un an un cours de zumba qui a un grand succès, deux fois par semaine. La liste d'attente est longue comme le bras. Je précise que je le fais de manière bénévole, sur mes loisirs, car la maison de quartier n'a pas réussi à dégager les fonds pour me rémunérer. Les femmes qui suivent mon cours en éprouvent tant de plaisir que je m'interdis d'arrêter. Mais j'ai demandé à suivre une formation de préparatrice physique pour être certaine de ne pas commettre d'erreur engageant la santé des participantes. Je n'ai comme connaissances que celles glanées par la fréquentation assidue des salles de sport et de danse de la ville. Je reproduis consciencieusement ce que j'y ai vu pratiquer, mais il me manque quand même quelques connaissances de fond. Et je n'ai pas envie de pratiquer dans l'illégalité, or c'est une obligation légale que d'avoir suivi un certain type de formation pour animer des cours collectifs. Je veux me mettre à niveau.

On refuse ma première demande. Puis on égare mon dossier et je dois tout recommencer. Des heures entières sont perdues dans des tâches administratives lassantes. Ma deuxième demande est refusée. Je pose de nouveau ma candidature : voilà deux ans que je travaille bénévolement, j'estime que j'ai largement mérité cette formation. La personne qui s'occupe des formations à la mairie part en congé maladie longue durée et personne ne peut me dire qui reprendra ses dossiers…

Les personnels de la mairie commencent à mener des visites qui ressemblent davantage à des inspections de nos locaux. Ils arrivent au pas de course, ne saluent que la direction, ignorent les jeunes qui reprennent instantanément, en leur présence, leur attitude bravache.

Puis ils viennent rendre leur verdict dans nos bureaux :

« Beaucoup de casquettes. Vous ne leur dites pas de les enlever ?

— On n'est pas à l'école. On préfère qu'ils se sentent bien ici, qu'ils soient en confiance et qu'ils viennent, plutôt que de les cuisiner sur des détails vestimentaires.

— Et l'arabe ? Des femmes se sont plaintes qu'on parle plus arabe que français à la maison de quartier.

— Il ne faut pas exagérer, quand même. Il s'agit d'un groupe de mères de famille qui n'ont que très peu d'occasions de sortir et de se réunir. Elles ont plaisir à se retrouver ensemble et elles repassent machinalement à l'arabe. On leur en a fait la remarque, elles font un effort.

— Pas d'envie d'intégration, en somme…

— Je crois que la question de l'intégration ne se pose pas de cette façon. Ces dames sont françaises et ont construit toute leur vie ici. Leurs enfants sont français et ne parlent même pas arabe pour la plupart. Imaginez plutôt une famille française installée aux États-Unis qui en rencontrerait une autre. Les deux familles prendraient plaisir à se parler français, c'est tout. »

Les gens de la mairie ne semblent pas convaincus.

« Et ces jeunes, là, qui restent à ne rien faire. Ils sont inscrits à quelle activité ?

— Aucune activité, pour la plupart. Ils prennent simplement plaisir à se retrouver ici. C'est une maison de quartier. Nous vivons cela comme la preuve de notre réussite, de notre implantation locale, répond mon chef avec aplomb.

— Ils ne disent même pas bonjour, grogne un des élus.

— Vous ne les avez pas salués non plus ! »

Ma réponse a fusé toute seule. Mon interlocuteur ne sait pas comment réagir. Les réunions de cet acabit se succèdent et se ressemblent. Le sens du vent change, c'est sensible.

4

Les petits

Je les appelle les petits. Idriss, Mohammed et Souleymane sont amis d'enfance. Ils ont grandi tous les
trois dans un quartier populaire. Idriss et Mohammed
dans le même immeuble, Souleymane dans un petit
pavillon voisin. Leurs familles se connaissent. Depuis
la crèche, ils sont inséparables. Ils ont fait leur maternelle ensemble, puis le primaire, sont entrés tous les
trois au collège et y ont choisi la même orientation.
Ils sont devenus électriciens. Mohammed est celui
qui a le mieux réussi, il a été embauché en CDI et
gagne bien sa vie. Idriss et Souleymane, eux, travaillent à droite à gauche au gré des opportunités,
leurs revenus sont moins réguliers et ils sont souvent
payés au noir, mais ils touchent suffisamment d'argent
pour subvenir à leurs besoins et aider un peu leur
famille. Ce sont de bons garçons. À l'époque.

La famille d'Idriss est originaire du Sénégal, où il
n'a jamais mis les pieds. Les cinq enfants sont nés

ici. Son père travaille et sa mère est femme au foyer. C'est une grande femme corpulente au sourire lumineux, très chaleureuse. La famille de Mohammed, elle, est arrivée il y a près d'un demi-siècle, venant du Maroc. Lui non plus n'y est jamais allé. Ses deux parents travaillent, le père dans la construction et la mère dans les cantines scolaires. Ils ne sont pas pratiquants, la mère de Mohammed ne porte pas de foulard. Ils font tout de même le ramadan. Souleymane, lui, vient du Burkina Faso. C'est sa famille que je connais le moins bien. Issu d'un foyer polygame, il a de nombreux frères et sœurs.

La mère d'Idriss est très maternelle. La première fois que je l'ai vue, elle m'a serrée dans ses bras. Elle vient souvent déposer sur mon bureau un Tupperware d'un plat de chez elle, afin de me remercier d'avoir écrit un jour un courrier de soutien pour un de ses enfants qui voulait être animateur dans une école de la ville. Je me suis beaucoup rapprochée de la famille quand une tante d'Idriss est venue faire suivre en France une grossesse difficile. À la naissance, le bébé a dû être hospitalisé et j'ai aidé autant que possible, aussi bien pour les démarches et la communication avec les hôpitaux que moralement. Je passais mes journées à faire des allers-retours entre la mère et l'enfant. Ça m'a tant mobilisée que Julien me l'a reproché. Il trouve que ces familles m'instrumentalisent, que je ferais mieux de m'occuper de Hugo. Mais j'ai besoin de me dévouer à quelque chose qui dépasse un peu le cadre de mon foyer.

Je me suis vite sentie adoptée par la famille d'Idriss, même si nos relations se cantonnent à la maison de quartier et aux événements que j'organise. Les petits frères et les petites sœurs sont inscrits à l'aide aux devoirs. Je soutiens les mères dans le labyrinthe de l'administration. Elles m'apportent régulièrement d'épais dossiers pour qu'on tente ensemble d'y voir plus clair. Je participe à la rédaction des réponses et je m'efforce de comprendre de quoi il retourne. Une des filles est inscrite à la zumba. D'ailleurs, ça ne plaît pas à Idriss, son frère. Il appelle la zumba une « danse d'excitation ». Il le dit en riant et tout le monde le chambre. Qui pourrait croire qu'il le pense vraiment ? Des trois amis, c'est le plus dur et le plus charismatique. Mais il aime sa mère, ne rechigne jamais à rendre un service et a de l'humour. Les plus petits sont de toutes les activités que nous proposons, les mercredis et pendant les vacances. Et la mère de Mohammed a même participé, une fois, à une visite organisée au Louvre. Elle n'était quasiment jamais allée à Paris, qui n'est pourtant qu'à vingt-cinq kilomètres. Nous sommes allés visiter le département des antiquités égyptiennes, en terminant par la momie, un dimanche gratuit. Elle a passé la journée à secouer les mains dans un geste théâtral en répétant « Ah là là, comme il y a de belles choses ! », impressionnée. Dans le train de retour, elle m'a embrassée comme du bon pain. Elle n'a plus participé à d'autres visites, malgré mes relances. Dérober un après-midi aux impératifs familiaux n'est pas facile pour une mère

débordée. Mais j'ai regretté sa gaieté et son enthousiasme enfantin et sincère. Elle n'essayait pas de
paraître blasée, elle était entière et honnête.

Et puis ils sont partis.

C'est une des sœurs d'Idriss qui m'a prévenue. À
l'heure du déjeuner, un jour de septembre 2014, je
suis au bureau, ma pause n'est pas encore terminée,
mon téléphone sonne.

« Sophie, ils sont partis ! Maman pleure. Ibra,
Momo et Souleymane… ils sont partis pour la Syrie ! »

J'en ai le souffle coupé. « J'arrive ! »

Abdoulaye, le petit frère d'Idriss, âgé d'une vingtaine d'années, a reçu un message de son aîné lui
disant qu'ils ont quitté la France pour de bon. Abdoulaye a prévenu la famille et les voilà tous réunis dans
leur appartement encombré, essayant de comprendre
l'histoire. Les trois garçons, accompagnés d'un ami
qui a une voiture, sont allés en Espagne quatre jours
plus tôt, prétendument en vacances. Arrivés sur place,
ils ont dévoilé leur plan à leur chauffeur : s'envoler
pour la Turquie, destination finale la Syrie. Leur ami,
en larmes, a tout fait pour les dissuader. En vain. Il
est rentré seul et n'a d'abord osé en parler à personne.
Il avait peur d'être accusé de complicité.

La mère d'Idriss est secouée de sanglots. « Il
ne m'a même pas dit au revoir ! Il ne m'a pas
embrassée ! » Elle refait le film des derniers jours.
Elle croit se souvenir qu'Idriss avait le regard triste.
Je l'écoute, incrédule, comprenant que son univers

vient de se rétrécir et que la vie se scindera désormais entre avant et après le jour où son fils est parti.

Ce n'est pas le premier départ dont j'entends parler, mais c'est le premier garçon que je connais personnellement. On dit qu'une soixantaine d'habitants de villes voisines sont partis ces dernières années. On en discute parfois avec les jeunes à la maison de quartier, ça fait partie du quotidien plus ou moins proche pour la majorité d'entre eux. Ils connaissent tous quelqu'un qui est parti. C'est un sujet de fantasme, de crainte ou de vantardise, et de discussions sans fin. Mais jusqu'à ce jour, ça n'avait pas de réalité pour moi.

Dans le petit salon bondé, tout le monde pleure. Le père d'Idriss est rentré précipitamment de son travail et il reste assis, les bras ballants, sonné. Quelques voisins et amis sont venus en soutien et les conversations tournent en rond. « Comment vous avez su ? Quand sont-ils partis ? Vous n'avez rien vu venir ? Ah, quel malheur ! »

Soudain, la sonnerie du téléphone fixe retentit.

La mère d'Idriss sera la plus rapide, elle bondit sur le récepteur. C'est Idriss. Très proche de sa mère, il veut juste la rassurer. Mais elle ne le laisse pas parler. Croyant qu'il est en Turquie, elle crie dans le combiné : « Rentrez, rentrez ! Il n'est pas trop tard. C'est une petite bêtise, personne ne le saura. Il faut rentrer maintenant. »

Impuissante, elle répète en boucle la même chose. Elle ignore que tous les trois ont déjà atteint la Syrie.

Ils sont à Rakka, « capitale » de l'État islamique, il n'y a plus de retour possible.

Quand elle raccroche, ses pleurs redoublent. Son mari demeure silencieux, hébété. De les voir si malheureux, les larmes me montent aux yeux et je regarde, impuissante, les femmes se lamenter.

Les jours et même les semaines suivantes, on ne parle plus que de cela. Je rends quotidiennement visite aux familles pour prendre des nouvelles. Je passe un petit moment dans le salon, à les écouter se poser, inlassablement, les mêmes questions. Qu'est-ce qui a bien pu se passer pour que de bons petits sans histoire fassent une chose pareille ? On a découvert que les garçons, avant de partir, ont contracté des prêts à la consommation.

J'apprends qu'ils maintiennent le contact, quasi quotidiennement. Ils appellent leur mère, leurs frères et sœurs, des copains aussi. On me montre certains de leurs messages. L'un d'eux, adressé à Majid, un des petits frères de Mohammed, est le suivant : « Salut ça va ? Et maman ça va ? Ici, la vie est belle. Dis à maman que je l'embrasse. Et assure à l'athlé. Qu'Allah soit avec vous. » Le message est accompagné d'une photo de Mohammed en plein salto arrière au-dessus d'un fleuve. Dans le coin en bas à droite de l'image, on aperçoit une main faisant le V de la victoire.

Majid, le petit frère, plane littéralement. Il irradie de fierté. Le portable passe de main en main dans le salon, dans un silence chargé de sombres pensées. Le soulagement de savoir les garçons en vie le dispute à la colère devant le décalage entre cette photo, respirant la joie et l'insouciance, et la désolation qu'ils ont laissée derrière eux. La mère de Mohammed ne cesse de tirer l'écran de sa veille pour contempler, encore une fois, son garçon souriant et s'amusant. Elle n'en croit pas ses yeux.

Où sont-ils ? Ils n'en disent mot. On devine, derrière le plongeur, une vaste plaine de terre mordorée. Les eaux du fleuve sont d'un bleu-vert scintillant. Aucun indice. Ni village ni construction à l'arrière-plan. Juste ce jeune homme jouant comme un enfant. Il y a tout de même la pointe légère de culpabilité qu'on devine derrière ces mots : « Et maman ça va ? »

À partir de ce jour, les communications ne vont plus cesser entre les garçons et leurs familles. Sur Viber ou Messenger, les messages arrivent régulièrement. Ils donnent des nouvelles de leur santé (qui est bonne), rassurent leurs parents par le biais de leurs frères et sœurs (ici la vie est belle, ils partagent un grand et bel appartement, ils sont payés). Rien de précis, pas de nom, pas de lieu. On a compris qu'ils sont en Syrie, mais ils restent très secrets. Ils demandent aussi qu'on les tienne au courant de ce qui se passe en France : comment ça va à l'école, les résultats de la compétition sportive d'un de leurs frères, des petites choses de la vie de famille. Ils ne semblent pas changés. Ils ne répondent pas aux questions directes, mais tout ce qu'ils racontent a l'air rassurant.

Je me demande si nous leur manquons, s'ils regrettent leur départ. Je vois leurs mères dépérir et je m'interroge : comment ont-ils pu partir comme ça ? Car ils aiment leur mère comme on les aime quand on les a vues trimer, ils aiment leurs mères douloureusement, avec la conscience de toutes les humiliations et tous les sacrifices qu'elles ont consentis pour eux. Ils aiment leurs mères comme de bons fils et ils n'ignorent pas qu'ils viennent de leur briser le cœur.

Un jour, la sœur d'Idriss me montre une photo de ce dernier fixant l'appareil d'un sourire grimaçant. Son regard m'inquiète, c'est un regard d'illuminé. Il me rappelle celui de Shekau, le chef de Boko Haram. Il me fait peur. Je me demande s'ils prennent de la drogue.

À la maison de quartier, on en parle beaucoup. Pour nous, c'est l'irruption, très réelle, très brutale, de la politique internationale et de la religion dans notre quotidien. On en débat entre nous, passant au crible les moindres faits et gestes des trois petits, les mois qui ont précédé leur départ. On les connaissait bien, certains d'entre nous qui sont là depuis longtemps les ont même accompagnés durant leur scolarité. Qu'est-ce qui s'est passé ? Est-ce que quelque chose aurait pu laisser prévoir ça ? On interroge les signes. Mais ces garçons sont comme les autres. Comme tous les jeunes de cité de leur âge, ils sont davantage propalestiniens que pro-israéliens. Ils pensent que les médias ne sont pas dignes de foi. Que le gouvernement use de propagande. Que les musul-

mans ne sont pas bien considérés en France. Que les
États-Unis ont menti sur l'Irak. Ils croient aux théo-
ries du complot qui se diffusent comme des incendies
sur Internet. C'est tout leur arsenal intellectuel. Ils ne
lisent pas les journaux et regardent peu la télévision.
Ils n'ont pas tort sur tous les plans, du reste, d'après
moi. Mais rien ne les différencie fondamentalement
des autres garçons de leur âge, si ce n'est cette grande
amitié qui les lie depuis toujours et qui explique
qu'ils ne sont pas partis seuls mais tous les trois
ensemble.

Nous n'avons pas perçu de « signes de radicalisation religieuse », comme on dit dans les journaux. Je
n'ai pas constaté de changement dans leur comportement. Tous les trois, ils ont commencé à s'interroger
sur leur religion dans leur adolescence. Ils faisaient
leurs prières. Et il est vrai que ces trois garçons, que
j'appelais les petits, étaient plus volontiers entre eux
qu'avec des filles. Il préféraient me serrer la main
que m'embrasser – ils ne sont pas les seuls. Ils fré-
quentaient régulièrement une mosquée des environs.
Rien de plus. Pas de discours agressifs. Pas de propagande. Pas d'envolées politiques. Ils ne portaient
ni barbes ni djellabas, restaient vêtus des mêmes jog-
gings fatigués, des mêmes jeans et des mêmes blou-
sons que leurs copains. Nous avions souvent parlé
de religion ensemble, du moins depuis ma conversion, et j'avais la conviction qu'ils n'étaient pas des
fanatiques. Nous discutions, sous forme de débat,
parfois même en plaisantant, de certaines sourates.

Ils ne parlaient pas comme s'ils détenaient une vérité supérieure.

Je me souviens qu'un jour, Idriss nous avait dit, d'un ton fanfaron, à une animatrice et à moi, qu'il n'achèterait pas de lave-vaisselle à sa femme, elle n'aurait qu'à laver elle-même les assiettes. Évidemment, il nous provoquait et nous avions répondu sur le même ton. « Quand tu seras grand, Idriss, tu verras qui commande à la maison ! » Idriss avait vingt-trois ans, mais il n'avait jamais eu de relation de longue durée avec une fille.

« Je parie qu'un jour, quand tu seras marié, je passerai chez toi un soir et c'est toi que je trouverai les mains dans l'eau de vaisselle », l'avais-je taquiné. Nous avions continué un moment, en riant. J'ai peine, aujourd'hui encore, à croire qu'il était sérieux.

D'autres détails me reviennent, toutefois. Idriss – toujours lui car c'est lui qui s'exprimait avec le plus d'assurance – s'opposait souvent à la danse. En général, je le rembarrais et il finissait par s'excuser. C'étaient des blagues, plaidait-il. À présent, je m'interroge.

Quand les familles auront prévenu la police, il n'y aura plus de retour en arrière possible. Leurs enfants seront fichés à la DGSI et, s'ils reviennent, ce pour quoi tous prient, ils seront interrogés et jetés en prison pour plusieurs mois minimum. Les mères s'inquiètent. En même temps, se dit-on, ils sont français, si on dénonce leur départ, on a une chance, peut-être, que le gouvernement essaie de les récupérer.

De bons petits, de gentils garçons comme ça, ce n'est pas possible, quelqu'un a dû leur monter la tête. Ils avaient tout ici, un travail, une famille qui les aimait, ils étaient à l'orée de leur vie. Qu'est-ce qu'il leur a pris de tout balancer dans le fossé pour gagner un pays étranger, un pays en guerre ? Les parents ne comprennent pas et s'arrachent les cheveux. Pourtant j'ai vu que plusieurs des petits frères, malgré leurs larmes, tirent une certaine fierté de ce qu'ils considèrent comme le courage de leurs aînés. C'est de leur âge, bien sûr.

« Mais c'est quoi ? s'insurge Julien quand je lui raconte ce qui se passe. Une envie d'aventure ? Ils s'ennuyaient ici ? C'est leur guerre d'Espagne ou quoi ? Ils n'auraient pas pu choisir une autre cause !

— Quelle cause ?

— Bon Dieu, il y en a plein des causes. J'en sais rien, les orphelins du Guatemala, les réfugiés…

— Mais tu es qui pour juger des bonnes ou des mauvaises causes ? »

Je ne sais pas pourquoi je discute. Je ne crois pas complètement moi-même à ce que je dis. Mais j'éprouve le besoin, je ne sais pas pourquoi, de défendre devant Julien le choix des trois petits.

« Les petits ? Tu les appelles comme des enfants.

— Ce sont des enfants. »

Julien ne répond pas.

Finalement, les familles se rendent à l'évidence. Ce n'est ni une erreur ni un coup de tête. Les comptes Facebook ne sont plus actifs, pas plus que les numéros des portables. Les petits ne sont pas revenus. Chaque couple, le cœur brisé, se rend de son côté au commissariat pour dénoncer le départ de son enfant chéri pour le djihad. Je n'imagine pas plus grande douleur pour un parent que cette démarche. La police vient perquisitionner dans les appartements, saisit les ordinateurs. Rien de très concluant n'en ressort. Les garçons ont effacé toutes leurs traces.

La longue attente commence. Les familles ne cessent de prier pour voir reparaître un beau matin les enfants prodigues, confus et penauds. Ah le savon qu'elles leur passeront ! Voilà les histoires que se racontent les mères, tandis que les pères gardent le silence, pessimistes, et que les petits frères continuent de crâner, montrant sur leurs portables un message venu de Syrie, oui mec. L'atmosphère est celle d'une famille en deuil, je la reconnais. Je vois dépérir la mère de Mohammed, qui ne dort plus, ne mange plus. Je lui rends visite le plus souvent possible, en sortant du travail. J'apporte parfois un plat que j'ai cuisiné la veille. Je m'assieds sur le canapé à côté d'elle et je l'écoute égrainer les souvenirs de l'enfance de son garçon. Comme il était sage, à la maternelle, le maître avait dit qu'il avait le profil du bon élève. Et la fois où il était rentré en pleurant parce qu'on l'avait battu dans la cour. Il n'était pas aussi à l'aise que les autres garçons, à la gym il n'avait jamais réussi à monter jusqu'en haut de la corde et ça le complexait terriblement. Idriss, par exemple, était beaucoup plus sportif et il l'aidait toujours. Elle espère qu'on ne lui fera pas de mal, que lui non plus ne fera de mal à personne. Elle espère qu'ils resteront toujours ensemble, les trois amis se protégeant l'un l'autre. Idriss et Souleymane veilleront sur Mohammed. Mais elle n'arrive pas à croire qu'il ait fait une chose pareille. Prendre les armes ? Rejoindre une armée ? Faire la guerre ? C'est inimaginable. Lui qui a toujours porté les courses. Lui qui protégeait les petits. Lui qui était si gentil.

Et elle recommence à pleurer, inconsolable. Qu'est-ce qu'elle a raté ? Qu'est-ce qu'ils ont bien pu faire pour que leurs enfants s'en aillent ?

5

Embrigadée

Un soir de décembre, alors que je m'apprête à aller me coucher, la sonnerie Skype de mon téléphone retentit. C'est un numéro masqué. Je décroche.

« Devine qui c'est », fait une voix de garçon.

Je n'en ai aucune idée et je ne suis pas de bonne humeur. Je me suis fait opérer des amygdales le jour même et je n'ai pas envie de jouer.

« Aucune idée et si tu ne te présentes pas je vais raccrocher.

— Sophie, c'est moi, c'est Idriss ! »

C'est ainsi que ça a commencé.

Au début, Idriss veut simplement prendre des nouvelles des siens. Il me remercie pour mon implication. Je ne lui cache pas que sa mère est au plus mal. Sa petite sœur aussi, âgée de sept ans, pose sans arrêt des questions. Nous avons une bonne première discussion ; je retrouve sa voix, son humour, le dialogue est facile. Je me dis même que si je m'y prends bien, je pourrai le convaincre de rentrer. Il faudra jouer serrer. Mais peut-être que je réussirai là où sa famille, trop impliquée émotionnellement, a échoué. Nous commençons à communiquer régulièrement.

« Je sais que c'est dur, dit-il. Je sais que c'est terrible pour maman. Crois-moi, je peux pas supporter de lui faire de la peine. Mais c'est ici ma vie, maintenant. Il faut assumer ses choix. Je sais que je ne me trompe pas. »

Il ne reviendra pas en arrière, je le sens vite. Ce que j'ai d'abord pris pour de l'égoïsme commence à m'apparaître sous un autre jour. Idriss a fait un choix de vie, mûrement réfléchi, et il ne va pas se laisser convaincre d'y renoncer par un chantage affectif. Au début, dans nos échanges, je garde le ton de la grande sœur, un peu supérieur, que j'ai toujours eu avec eux. Ce sont des gosses, ils auraient pu être non pas mes enfants, mais mes petits frères ou mes neveux. Ils ne m'ont jamais impressionnée, je les ai toujours un peu pris de haut, même si c'était avec affection. À présent, sans que j'en aie conscience, cela change doucement. Idriss vit une expérience dont j'ignore tout, qui le fait grandir. Il en tire une assurance sans agressivité. Il m'écoute, comme il l'a toujours fait. Il admet le chagrin qu'il inflige aux siens, il ne se dérobe pas. Mais pour lui, c'est un mal à endurer, comme s'il était au service d'une cause plus noble et qu'il y avait des sacrifices à consentir.

Cette cause, nous ne la nommons jamais.

Souleymane et Mohammed commencent également à m'écrire. Pour eux aussi, je deviens progressivement la messagère auprès de leur famille. Selon leurs souhaits, j'essaie de les rassurer en donnant des nouvelles positives des garçons. Je ne me rends pas compte que je participe à un système de propagande bien rodé.

« Imagine comme ça a été dur pour nous, de cacher notre décision de partir, me dit Idriss. Les dernières semaines, ça a été l'enfer. Il y en a beaucoup qui renoncent à ce moment-là. Nous, on a tenu bon. »

Puis la mère de Mohammed fait une tentative de suicide.

C'est sa fille Ouafia qui la trouve inanimée dans la salle de bains. Elle a pris tous les somnifères que lui a prescrits le médecin qu'on l'a quasiment forcée à consulter après le départ de son fils. Ouafia appelle les secours qui réagissent très vite. Après un lavage d'estomac, la mère de Mohammed est hospitalisée. Elle est sauvée.

Pour que cette mère de sept enfants songe à s'ôter la vie, il faut vraiment que l'espoir s'en soit allé. Une fois rassurée sur son état de santé, j'envoie un message assez bref à Mohammed. Puis j'attends. Si cette nouvelle ne suffit pas à le ramener, alors rien ne le pourra.

Mon téléphone demeure silencieux plusieurs jours. J'imagine qu'il digère la nouvelle. Je commence à m'inquiéter. Lui est-il arrivé quelque chose ?

Puis, au soir du quatrième jour, ces quelques mots s'affichent sur mon écran : « Qu'Allah lui pardonne. Dis-lui que je l'aime. »

Ils ne reviendront jamais.

Nos conversations reprennent. Je suis quelqu'un d'assez secret, je n'ai pas l'habitude de raconter ma vie à n'importe qui. Depuis l'enfance, je gère mes problèmes en solitaire. Qu'est-ce qui a changé ici ? L'éloignement, sans doute. Si j'avais Idriss avec son jean et sa casquette face à moi, je ne me laisserais pas aller à tant de confidences. Mais là, il n'y a rien d'autre que mon écran et ses réponses bienveillantes, toujours pleines de cet humour de cité, un peu moqueur, un peu immature, qui me fait sourire. Parfois, il cite une sourate qui me parle, me permet de réfléchir ou m'ouvre une autre perspective.

Je ne suis pas devenue bigote. Mais l'islam est une religion qui ne répugne pas à réfléchir aux difficultés triviales du quotidien. Ça m'aide à y voir plus clair.

Je n'avais pas réalisé à quel point je me sens seule. Avoir gardé ma conversion presque secrète a contribué à creuser le fossé entre les autres et moi ; Julien est loin de mes préoccupations. Mes collègues de la maison de quartier, avec qui je me suis toujours très bien entendue, ne s'intéressent pas à la religion. La nouvelle mairie, au contraire, y porte une attention soupçonneuse et défiante. J'ai l'impression que si j'évoquais ma conversion, on me regarderait aussitôt de travers. Quant à ma famille, n'en parlons pas. Ce sont des catholiques si fervents que je provoquerais un électrochoc en leur avouant que je suis devenue musulmane.

Idriss, Souleymane et Mohammed, eux, sont au courant de ma conversion et rien que ça suffit à les placer plus près de moi que quiconque dans mon entourage. Mais je pense les connaître mieux qu'ils ne me connaissent. Je crois maîtriser la situation.

Nos conversations sont de plus en plus personnelles. À eux je peux parler de mes difficultés au travail. C'est facile, ça vient tout seul. Ils connaissent les lieux, ils se souviennent de mes collègues. Ils devinent sans peine les limites auxquelles nous nous heurtons. C'est si naturel. Ça me fait du bien, de me confier.

Petit à petit, ça dépasse le cadre du travail. Je ne sais pas comment j'en viens à aborder des sujets plus intimes, dont je ne me livre d'habitude à personne. Plus tard, bien plus tard, j'y ai repensé avec tellement de honte qu'il m'a été longtemps presque impossible d'admettre que j'avais pu m'en remettre à ces garçons. Ces gamins.

Mais ils comprennent. Ils savent la sensation de vide qui m'habite. La sensation de gâchis. C'est pour ça qu'ils sont partis eux aussi, me disent-ils. Je ne suis pas seule. Il y a quelque chose à faire dans ce monde. Une cause à laquelle se vouer.

Une cause dont nous ne disons toujours pas le nom.

Nous commençons à parler de la Syrie.

« Tu verrais la beauté de cette ville, Sophie. C'est magique.

— Mais la guerre, les bombardements ?

— Tout ça, c'est des conneries. Il n'y a pas de bombardements à Rakka. La situation est complètement stabilisée. La ville est tellement belle ! On a un grand appartement, 120 m², avec deux salons. Tu verrais ça, Sophie, tu n'en croirais pas tes yeux. Les rues sont pleines d'arbres en fleurs.

— Je ne verrai jamais ça parce que je n'irai jamais de mon plein gré dans un pays en guerre.

— La guerre est loin. On n'entend même pas les bombardements. Pas entendu un bruit de tir depuis notre arrivée. Rien. Il ne faut pas croire ce que disent les journaux. Ici, des musulmans du monde entier vivent en paix. On sert vraiment à quelque chose. On est utiles. »

Ils évoquent l'hôpital des femmes.

« Beaucoup de familles ont fui, à cause de la violence de Bachar, le président syrien. Alors on manque de personnel dans les hôpitaux. Par exemple, dans le grand hôpital des femmes à Rakka, qui soigne des Syriennes arrivant de partout, des campagnes, tout ça. Beaucoup d'étrangères sont venues donner un coup de main, mais elles ne sont pas assez nombreuses. À la maternité, il y a énormément de naissances et jamais assez de monde pour aider les accouchées.

— Mais je ne suis pas médecin.

— Ils n'ont pas seulement besoin de médecins ou d'infirmières. On manque de femmes de bonne volonté, pour aider les patientes, pour s'occuper des petits. Il y a de grandes nécessités ici. »

Des images naissent dans ma tête. Des enfants syriens jouant dans un parc pour oublier un moment les rigueurs de la guerre. Un grand hôpital et moi, à l'intérieur, tenant la main d'une femme allongée.

Je me secoue. De plus en plus, j'ai l'impression d'être somnolente, confuse. La dépression brouille mes perceptions. J'ai la sensation de vivre dans une bulle ouatée, de m'éloigner du monde sans que personne s'en rende compte. Je porte ce secret, de plus en plus précieux : je corresponds, quotidiennement à présent, avec des garçons partis pour un pays en guerre.

« Ici, il y a tant à faire. Le peuple syrien souffre. On n'est pas assez nombreux. La vie est très dure pour certains.

— Mais les femmes ? On dit que les femmes sont maltraitées, lapidées.

— Sophie, tout ça, c'est de la propagande. C'est arrivé à Kobane, pas ici. Tu crois qu'on resterait si des femmes se faisaient torturer sous nos yeux ? Tu crois que j'accepterais ça ? »

Je sais bien que non. Idriss, bon fils, frère protecteur, gentil garçon, ne cautionnerait jamais des horreurs pareilles.

Ils m'envoient des photos d'eux dans des restaurants, ou en train de faire les idiots. On dirait vraiment des photos de vacances. Je ne sais pas ce qu'ils font de leurs journées, j'imagine qu'ils sont au contact de la population. On ne parle jamais de politique et jamais je ne les ai entendus faire l'éloge de Daech.

Je connais mal la situation sur place. Pour moi, l'État islamique se bat contre la tyrannie de Bachar el-Assad, pas contre des combattants syriens. J'ignore qu'il y a d'autres groupes en présence, je n'ai pas compris que l'État islamique est composée de combattants étrangers et qui s'opposent aussi aux rebelles.

C'est Idriss qui le premier me parle du système des invitations. Il envisage de faire venir son père pour le convaincre que tout va bien. Il veut lui faire visiter la ville, lui faire découvrir le luxe dans lequel il vit, pour qu'il puisse rassurer sa mère. L'idée entre dans ma tête.

Le processus est étrange, et répétitif. Tant que je leur parle, je les écoute et je les crois. Je suis à la source de l'information, après tout. Qui d'autre en sait autant ? Qui d'autre a un contact sur place, en plein Rakka, avec qui il peut correspondre si régulièrement ? Je me sens choisie, importante, je prends du plaisir à emmagasiner ces détails.

Mais avant, après, dès que la conversation s'interrompt, mes inquiétudes et mes doutes remontent à la surface. La Syrie est bien en guerre, il est impossible de le nier. Si les bombes ne tombent pas sur Rakka pour l'instant, ça ne veut pas dire qu'elles éviteront la ville éternellement.

Les mots et les images s'embrouillent de plus en plus étroitement.

Ils m'envoient des photos de leur appartement, du square en bas de l'immeuble, dans lequel on voit des enfants grimper sur la cage à poules, d'autres photos du grand fleuve au bleu éblouissant dont je sais maintenant que c'est l'Euphrate.

Qui le premier parle de ma venue ? Personne, je crois. Ce n'est pas formulé clairement mais ça devient tout simplement une évidence. « Tu verras, Sophie, tu verras qu'on ne te ment pas. » « Quand tu visiteras notre appartement, tu n'en croiras pas tes yeux. Le luxe ! » « Ici, à l'hôpital des femmes, tu seras vraiment utile. Crois-nous, tu ne regretteras pas. »

Cela fait six mois qu'ils sont partis, trois qu'on correspond quotidiennement quand je commence à réfléchir aux détails pratiques de mon voyage.

« Je pourrais venir un mois ?

— Bien sûr. Il faudrait qu'on demande un visa spécial, du fait que tu voyages sans homme. »

Je me dis que ça me permettrait d'apprendre l'arabe. Ce serait un peu comme un stage, une plongée en immersion. Je pourrais venir en aide aux gens qui souffrent là-bas, sous les bombes d'un tyran.

L'idée prend corps.

Ici, je suis dans une impasse. La maison de quartier s'enlise dans les difficultés. Aucune de nos initiatives pour réunir les populations n'a vraiment porté ses fruits, chacun campe sur ses positions. Il n'y a pas de désir de vivre ensemble. Les gens se plaignent et souffrent, mais il me paraît de moins en moins possible de les aider. La moindre idée entraîne une interminable succession de démarches, de rendez-vous et de paperasses qui me décourage. Je vois les dossiers s'amonceler sur les bureaux. Les lettres de refus non motivés arriver. Je n'ai plus l'énergie de recommencer. Tout est trop régulé, trop difficile, trop lent.

À la maison, mon mariage est dans une impasse. J'ai totalement échoué. Mes nièces grandissent, elles n'auront bientôt plus besoin de moi, elles entrent dans l'adolescence ; les amis, les amoureux, tout cela prendra bientôt toute la place, et c'est tant mieux pour elles.

Avec ma sœur, on ne se parle pas beaucoup, jamais rien de personnel, mais on reste proches, animalement proches.

Il y a quelques années, je l'ai accompagnée au Cameroun. C'était la première fois que je rentrais au pays depuis la mort de maman. Ce fut un voyage très fort. La maison familiale, devant laquelle je suis passée, m'a paru ridiculement petite. Est-ce cela, la vaste demeure organisée autour d'une cour plantée d'arbres qui habite mes rêves depuis quinze ans ? Je n'arrive pas à le croire.

J'ai rencontré des membres de ma famille que je ne connaissais pas ou que je n'avais pas revus depuis mon départ. Les cousines avec qui j'ai grandi et qui sont maintenant de grandes et plantureuses femmes au verbe haut, m'ont accueillie chaleureusement mais nous n'avons plus rien en commun. Elles m'ont semblé si assurées, si tranquilles, si adultes. Je suis et resterai toujours l'orpheline.

J'ai voulu aller rendre visite à la famille de mon père qui vit dans le nord du pays mais un frère de mon père, rencontré à Yaoundé, m'en a dissuadée. J'ai renoncé à regret à ce projet. J'y ai souvent repensé depuis : c'est dans ces endroits-là qu'on peut vraiment se rendre utile. Et moi je suis là, empêtrée, en région parisienne, avec ma petite vie ennuyeuse, à me battre pour faire exister mon cours de zumba. J'ai mieux à faire. Le temps file, il faut que je me lance.

J'ai toujours voulu voyager dans des contrées difficiles. J'ai toujours voulu aller vers mon risque, sortir de mes petites habitudes.

J'ai l'impression de n'avoir plus au monde que Hugo. Il est très important à mes yeux qu'il ne grandisse pas en considérant le confort matériel comme une valeur absolue. Je ne veux pas qu'il croie que le monde est tout entier à l'image de celui qu'il connaît. Je veux faire de mon fils un homme du monde, c'est-à-dire conscient de sa chance et décidé à la partager. Je ne veux pas élever un petit bourgeois français confit dans ses certitudes. Dès le départ, avant même d'avoir formulé vraiment les choses, il est évident que quoi que je fasse, Hugo ne me quittera pas. Il n'est pas question que je me sépare de lui.

En janvier 2015, je pars, seule, passer une semaine au Sénégal sur l'île de Gorée, chez la tante d'Idriss que j'avais aidée lors de son accouchement en France. C'est un voyage très fort. Bouleversée, je visite la maison des esclaves. Je suis très frappée par la porte du voyage sans retour, cette ouverture dans le mur donnant sur la mer, par laquelle les esclaves enchaînés partaient pour toujours. Cette image se grave en moi. Elle alimente ma colère et mon désir de lutter contre l'injustice.

Quand je rentre du Sénégal, je suis prête à basculer.

Chaque conversation avec les petits apporte de nouvelles précisions, des détails pratiques, qui rendent l'hypothèse d'un départ de plus en plus pensable. Les garçons ont demandé l'usage d'un appartement libre dans le même immeuble qu'eux. Hugo et moi pourrions nous y installer. Ils ont pris contact avec la responsable de l'hôpital des femmes, qui a confirmé qu'elle a besoin de tous les bras disponibles. Ils connaissent une Française qui y a travaillé et qui ne parlait pas arabe non plus. Même si je n'ai pas de formation médicale, elle trouvera à m'employer. Ils ont mon visa d'entrée, je n'ai qu'à dire quand je veux venir. Ils m'ont assuré que ce serait une expérience très forte. Ce en quoi ils n'auront pas tort.

Je ne demande même pas comment entrer en Syrie. Je m'en remets désormais totalement à eux. Ils m'ont dit de prendre l'avion pour Istanbul et de les prévenir quand je serai là-bas. Un de leurs contacts viendra me chercher.

Comme une plante carnivore guide l'insecte jusqu'à son cœur avant de l'y emprisonner, les garçons ont gommé toutes les aspérités du chemin et je n'ai qu'à faire le premier pas pour glisser, irrémédiablement, jusqu'à eux.

Pourtant, je n'ai pas encore pris mon billet. Quelque chose me retient. Je retarde le moment, encore et encore.

« Sophie, c'est la France, c'est la vie moderne et égoïste qui fait de nous des esclaves. On perd notre énergie vitale à vivre comme ça. »

Ils ont raison. Je n'ai plus d'énergie. Plus rien ne me fait envie. Seule l'obligation de me montrer une mère exemplaire parvient encore à me faire me lever le matin pour accomplir, mécaniquement, la succession des gestes quotidiens : me laver, me préparer, réveiller Hugo, lui donner son petit déjeuner, le préparer, le conduire à l'école. Mon fils a trois ans, il est en petite section de maternelle. Nous sommes seuls tous les deux dans l'appartement – Julien part tôt –, seuls dans la rue, dans le bus, sur les trottoirs. Plus rien ne m'atteint. Tous les autres me paraissent très loin.

Depuis longtemps maintenant, je sais repérer ce dégoût de la vie qui m'envahit par périodes. Bientôt je ne verrai plus comme solution que partir, et par partir, j'entends mourir. Je tente de me raccrocher à la pensée de mes nièces, de Hugo. Je détruirais leur vie irrémédiablement. Mais rien n'y fait. Le désir de mourir m'envahit. Je suis passée deux fois à l'acte par le passé. J'ai appris depuis à repérer les signaux annonciateurs de cet état morbide, mais pas à les désamorcer. Cette fois, l'idée de partir pour la Syrie vient comme une échappatoire à ce désir de mort. À moins que ce ne soit le moyen que j'ai trouvé pour m'ôter la vie.

J'avertis Julien que je veux partir en Turquie travailler comme bénévole dans un orphelinat. Je compte emmener Hugo pendant les vacances scolaires de février.

Julien s'occupe beaucoup de son fils. Il est fatigué par la semaine qu'il vient de passer pendant que j'étais au Sénégal. Je joue là-dessus pour le convaincre. Il accepte tout en me disant qu'il trouve mon projet confus. Mais plus rien ne va entre nous et il doit avoir envie, lui aussi, que je prenne un peu le large. Nous décidons de faire une pause et de voir, à mon retour, comment changer les choses. « Quand je reviendrai, j'aurai une réponse. » Sur l'essentiel, je ne mens pas : j'ai besoin de partir, de me rendre utile et de retrouver un sens à ma vie.

Je prends mon billet pour Istanbul. Départ le 20 février. Pour le retour, j'ai choisi la date du 10 mars, pour des raisons économiques. Ça ne fait pas un mois sur place mais les garçons m'ont dit qu'ils paieraient le trajet de retour un peu plus tard.

Pourtant, même à ce moment-là, j'hésite encore. Je me dis que je peux renoncer à tout instant. Si je ne le sens plus, je n'aurai qu'à tourner les talons à l'aéroport. Peu importe. J'en serai quitte pour deux billets d'avion non utilisés, il y a plus grave. Je me laisse le choix jusqu'à l'embarquement.

Cette idée contribue à me tranquilliser.

Le jour du départ arrive.

Julien nous conduit Hugo et moi jusqu'à l'aéroport. Il a les traits tirés et le regard triste, mais nous sommes très doux l'un envers l'autre. Nous avons beau nous être éloignés, nous n'avons jamais cessé de nous aimer. Hugo, lui, croit que nous partons en vacances. À ma sœur aussi, je n'ai parlé que de vacances. J'ai bien de la chance, m'a-t-elle dit. Moi seule, à part les garçons à des milliers de kilomètres de là, sais ce qu'il en est réellement.

Nous nous retournons, Hugo et moi, pour faire coucou à son père de l'autre côté de la douane. Je me retourne une fois encore, un peu plus loin. La haute silhouette de Julien surplombe la foule compacte des voyageurs. J'ai un pincement au cœur, mais j'avance.

6

Le voyage

Je vole vers l'inconnu. Après une escale à Kiev, voilà que nous nous apprêtons à atterrir à Istanbul. Je me demande ce qui nous attend.

À l'arrivée, je récupère nos bagages et j'appelle Idriss. « Ça y est, on est en Turquie.

— OK. Installe-toi à côté des portes de l'arrivée, quelqu'un va venir te chercher. »

Nous n'avons pas longtemps à attendre, un homme vient à notre rencontre et nous conduit dans l'appartement d'une famille belge. Avec le recul, j'imagine que ces gens sont des soutiens de l'EI postés en base arrière, qui servent à la logistique de Daech. Mais nous parlons peu et je n'ai aucune certitude là-dessus.

Dès le lendemain soir, notre famille d'accueil nous conduit à la gare routière où nous montons dans un car pour Sanliurfa. Le voyage dure toute la nuit. À plusieurs reprises, je suis en contact avec Idriss qui me rassure et m'encourage.

Hugo s'endort comme une masse dans le car et je dois le porter pour en descendre. Dans mes bras, il pèse lourd et entrave mes mouvements. Ces premiers pas en Turquie sont à l'image de tout ce qui va suivre : j'ai entraîné mon fils dans une aventure dont la responsabilité repose tout entière sur moi. Il n'a plus que moi.

À Sanliurfa, un homme nous accueille et nous conduit dans une maison près de la frontière. Il nous donne à boire et à manger, puis nous installe dans une chambre, mais nous ne pouvons pas communiquer. Il ne parle que turc et arabe, pas un mot de français ou d'anglais. Je fais patienter Hugo comme je peux.

Enfin, il me fait signe que c'est le moment du départ et il m'aide à porter mes valises à travers des champs d'oliviers. Je n'aperçois aucune barrière, ni gardes ni miradors, et je ne sais pas à quel moment au juste nous avons passé la frontière. Bien qu'officiellement fermée, elle est très poreuse et le commerce reste particulièrement dense entre la Turquie et la Syrie. Comme je vais m'en rendre compte, on ne manque de rien dans l'État islamique, les magasins sont très bien achalandés. On y trouve de tout, en particulier toutes les marques turques de consommation courante.

Après une dizaine de minutes de marche, nous arrivons dans un petit hameau. Entre les cabanons d'agriculteurs, un 4 × 4 nous attend. À l'avant, deux hommes qui affichent la tenue du parfait salafiste : une sorte de longue chemise en coton tombant jusqu'aux genoux sur des pantalons bouffants à la mode afghane, un foulard autour du cou, la barbe et les cheveux longs. L'un d'eux a une mitraillette. Nous montons à l'arrière, Hugo et moi. L'homme assis sur le siège du passager se retourne et me demande, en anglais, nos passeports. Je les lui tends en pensant confusément que je me défais d'un bien important. Dans mon sac à main, je conserve précieusement mon livret de famille.

La voiture démarre.

Je ne sais pas si les deux hommes sont des amis des garçons ou des inconnus simplement chargés de nous récupérer. Je ne pose pas de questions et ils ne m'adressent pas la parole. Nous roulons plusieurs heures, les deux hommes discutent en arabe, Hugo et moi nous taisons. Je regarde autour de moi avec curiosité. Le paysage est morne, une vaste plaine poussiéreuse au-delà de laquelle je devine, à peine couvertes d'une végétation chiche, quelques basses collines. Le soir tombe, Hugo somnole dans mes bras. À un moment, je repère la carcasse d'un avion militaire, comme un rappel de la guerre qui se joue ici. Mais nulle autre trace. Pas de bruit d'aviation, pas de tanks. Je ne sais pas à quoi je m'attendais, mais je suis très nerveuse. J'ai hâte d'arriver à Rakka et de retrouver les garçons. Je réserve mon jugement.

Je jette de temps en temps un coup d'œil au fusil que l'homme ne prend pas la peine de dissimuler.

C'est la première fois que je vois une arme de si près. J'espère qu'ils ne s'attendent pas à une attaque des troupes de Bachar el-Assad. Je ne pense pas un instant qu'ils puissent s'en servir contre le peuple syrien.

Hugo, à présent réveillé, reste sage et attentif, comme s'il percevait ma tension. Il me tient la main. Sur les genoux, il a son petit sac à dos avec ses doudous, des voitures, et un ordinateur avec ses dessins animés.

Nous roulons presque quatre heures. À la fin, je mets à Hugo un DVD pour l'aider à passer le temps. Il est fatigué, c'est un long voyage pour un si petit garçon.

Le paysage, d'abord assez désertique, devient plus verdoyant à mesure qu'on approche de l'Euphrate et de sa partie la plus large, dénommée lac Assad par le régime. Je ne ferme pas l'œil du voyage. Tous mes sens sont en alerte, je suis dans un état de vigilance extrême.

Autour de nous apparaissent les premiers signes d'urbanisation, je me redresse. Les faubourgs de la ville paraissent pauvres. La densité des habitations augmente. Quand nous entrons enfin dans Rakka même, je m'absorbe dans la contemplation de la ville. J'ai le cœur battant. Les premiers quartiers que nous traversons, populeux et animés, ne sont pas beaux. Les passants envahissent la chaussée, certaines rues sont aussi noires de monde qu'en pleine manifestation à Paris. Des gosses courent partout. Il y a des voitures, des motos chargées parfois de plusieurs passagers, des charrettes de vendeurs ambulants, tout cela se croisant dans le désordre. Quelques immeubles ont visiblement été bombardés, ou portent des impacts de balles, mais je vois surtout, un peu partout, des chantiers de construction. Les immeubles modernes de quelques étages ont tous des balcons auxquels sont accrochées des pancartes publicitaires couvertes d'inscriptions en arabe que je ne comprends pas car ma connaissance de la langue est encore embryonnaire. Certains hommes sont vêtus à l'occidentale, ce sont les Syriens, d'autres portent des tenues militaires variées, beiges ou en tissu de camouflage, avec des chèches enroulés autour de la tête ou du cou, d'autres encore sont habillés à l'afghane, avec des chemises longues portées sur des sarouels. Ce sont pour la plupart des combattants étrangers. Les femmes, peu nombreuses, longues silhouettes complètements noires, indifférenciables, fendent la foule comme des fantômes.

Je suis avide de détails, d'informations et je me tords le cou pour en rater le moins possible. Sur une place animée, la voiture se gare et je reconnais les garçons qui viennent vers nous. Idriss et Mohammed sont accompagnés d'un troisième que je ne connais pas et qui leur sert de chauffeur. Je sors à leur rencontre.

« Monte vite, on ne peut pas se promener comme ça ici, Sophie. Salut mon bonhomme. »

Ils prennent notre valise et nous font entrer, Hugo et moi, dans leur voiture. Nous nous engageons dans la circulation.

« Tu n'as pas pris de niqab ?

— Non, je ne savais pas.

— Première chose à faire, on va aller t'en acheter un. Ici, c'est assez strict, on ne peut pas sortir sans voile intégral. »

En prévision de mon arrivée au cœur de l'État islamique, j'ai noué autour de mon visage aussitôt que nous avons passé la frontière, un foulard qui tombe sur mes épaules. Mes cheveux et mon cou sont complètement dissimulés. Les garçons ont néanmoins l'air un peu nerveux.

Pourtant, on est heureux de se revoir. On se regarde en souriant, en riant, même, émus. On ne se touche pas, je devine que les codes qui régissent les rapports entre hommes et femmes ne nous le permettent pas. Mais leur plaisir n'est pas feint.

Nous nous arrêtons devant une boutique qui semble faire office de bazar. On n'y trouve que la tenue réglementaire, le niqab. Rien d'autre. Les commerçants se sont adaptés.

Mohammed entre et passe un assez long moment à l'intérieur, tandis qu'on attend en discutant avec Idriss juste devant. Mohammed ressort en portant un sac qu'il me tend par la portière.

« Tiens, mets au moins le voile, on verra pour le reste plus tard. »

J'enfile le voile supérieur, qui ressemble à une cape surmontée d'une cagoule, et les garçons se tranquillisent enfin.

Nous entrons dans un quartier plus calme, beaucoup plus résidentiel. Les immeubles sont plus larges, chacun avec sa porte en fer forgé. Je ne repère aucune indication de nom de rue, pas de panneaux de signalisation. Je me demande si c'est l'État islamique qui les a enlevés, peut-être parce qu'ils faisaient référence à des personnalités du régime de Bachar. Je n'ai aucune idée de l'endroit où nous nous trouvons. Mais j'aperçois des espaces verts, des petits jardins publics comme ceux où j'avais imaginé emmener jouer Hugo. Nous approchons, me dis-je. Les rues sont plus calmes, la circulation moins encombrée. Nous ralentissons et les garçons se garent.

Je suis descendue de voiture, heureuse d'être arrivée, quand je la vois.

La femme, entièrement dissimulée sous un voile noir, même ses yeux sont invisibles, les mains gantées, marche à côté d'un homme en sarouel. Ils avancent tous les deux comme un couple en promenade, banal, mais alors qu'ils nous dépassent je remarque qu'ils portent chacun, dans le dos, une mitraillette. Sidérée, je les regarde passer.

C'est notre premier jour à Rakka, « capitale » de l'État islamique.

7

Rakka

L'ascenseur ne fonctionne pas, les coupures de courant sont trop fréquentes, on risquerait de rester coincés, m'expliquent les garçons qui portent nos bagages jusqu'au troisième étage. Ils ouvrent la porte d'un appartement et me tendent un jeu de clés dont ils gardent le double.

Ils nous font visiter les lieux, visiblement fiers comme des paons de m'avoir dégoté une telle splendeur. Ils me font remarquer les détails qui leur paraissent des signes ostentatoires de richesse : les mosaïques sur les murs, les deux machines à laver (je remarque surtout la grande bassine à côté qui me laisse penser que c'est plus souvent à la main que ça se passe), les tapis persans, la taille de l'écran de télévision. L'appartement est luxueux, dans le style oriental un peu chargé et un peu vieillot qui semble en vigueur ici. Je les suis, hochant la tête, fatiguée

mais impressionnée moi aussi. Je n'avais pas imaginé
que j'aurais droit à un tel appartement.

À présent que nous sommes à l'intérieur, ils sont
plus détendus et je les retrouve, moqueurs et affectueux, comme avant. Moi aussi je me détends, petit à
petit.

« Pourquoi vous ne m'aviez pas prévenue que ça
se passait comme ça, le passage de la frontière ?

— Tu t'attendais à quoi ? Officiellement, la frontière avec la Turquie est fermée. Les bons points de
passage changent. Avant, c'était du côté de Kills.
Maintenant, c'est Urfa. Il n'est pas conseillé de donner
trop d'informations par Internet, de toute façon. »

Souleymane nous rejoint, apportant de quoi dîner.
Pour faire plaisir à Hugo, il a choisi des frites et des
hamburgers.

« Tu vois qu'on ne manque de rien ici », me
disent-ils, très satisfaits.

Puis ils se retirent pour nous laisser nous reposer.

Le silence retombe sur l'appartement. Je vais lentement d'une pièce à l'autre. Je déplie les vêtements
dont Mohammed a fait l'acquisition pour moi et je
les pose sur le canapé. Il y a d'abord une longue et
ample robe tombant jusqu'aux pieds, sans col et à
manches longues, qu'on appelle l'*abaya*. Elle est dans
un épais tissu noir. Dessous, il convient de porter ses
vêtements habituels. Par-dessus, on met une grande
cape couvrant les cheveux et le cou et tombant, large
et épaisse, jusque sous les fesses. C'est celle que
j'avais enfilée dans la voiture. Elle est destinée à dis-

simuler autant que possible la forme du corps. Il faut ensuite ajouter une nouvelle épaisseur qui couvre le front et le menton, et descend jusque sous les épaules. Puis le voile proprement dit, dissimulant totalement le visage, les yeux compris. Le système est fait d'un ingénieux ensemble de cordelettes et de scratchs qui retiennent deux couches de coton fin. Avec la première rabattue, on continue vaguement de distinguer son environnement, comme quand on regarde le monde à travers un tissage un peu lâche. Avec la deuxième, on n'y voit plus rien, à moins d'être en pleine lumière. On est plongé dans la nuit. Il est réglementaire de rabattre les deux voilettes.

La tenue se complète de gants noirs. Les pieds non plus ne doivent pas apparaître, les sandales ne sont pas tolérées pour les femmes, à moins de les porter avec des chaussettes noires opaques.

Pensive, je contemple cet accoutrement. J'avais bien sûr envisagé qu'il faudrait me couvrir, mais je n'avais pas pensé que ce serait à ce point.

Par les fenêtres, j'entends monter la clameur de la ville, chaque cité a la sienne. L'appel à la dernière prière se fait soudain entendre, la voix des imams remplit la nuit, éteint tous les autres sons. Je soupire et me dis « À Rome, fais comme les Romains. » S'il faut se couvrir pour venir en aide à la population, je le ferai. Au diable mes scrupules. Ce sera mon déguisement pour les quelques semaines que j'envisage de passer ici.

Hugo s'est endormi, épuisé, je vais et viens silencieusement de pièce en pièce. L'appartement est un peu trop grand pour nous. Les garçons m'ont raconté qu'ils le sous-louent à une famille de Syriens partis faire soigner leur fils en Turquie. Je ne sais pas si c'est la vérité. Il y a ici les signes d'un départ précipité. Je trouve de la nourriture dans le frigidaire, des pots ouverts et périmés depuis peu. Les lits n'ont pas été refaits, comme si les occupants allaient rentrer le soir après leur journée de travail. Il reste des miettes sur la table de la cuisine.

Ces salles vides semblent dégager une énergie un peu noire, comme si elles bourdonnaient du murmure de conversations interrompues. Je me tiens un moment à la porte des chambres d'enfants. Vivaient ici deux petits, un garçon et une fille. Pleines de jeux éducatifs et de peluches, elles sont gaies et bien rangées. Les jouets sont entassés dans des coffres. Un planisphère en anglais est punaisé au mur de celle du garçon. Ce sont des chambres classiques, des chambres d'enfants sans histoire balayées par la guerre. Mon cœur se serre à l'idée de ces gosses peut-être jetés sur les routes, je referme la porte. Une étrange sensation me saisit, le bourdonnement s'intensifie dans ma tête.

J'ai installé Hugo dans le petit salon oriental. Il y a un deuxième salon, plus luxueux, meublé à l'occidentale. Mais il me paraît immense et inhospitalier. Dans la petite pièce où Hugo s'est endormi, des matelas en mousse poussés contre les murs font office de canapés. Le centre est occupé par une grande table basse. Sur un côté se trouve une télévision. C'est ici que nous allons passer l'essentiel de notre temps, je le devine. La pièce est petite et chaleureuse grâce aux tissus et aux coussins qui couvrent les divans. À un bout de la table basse, j'entasse les coloriages et les petites voitures de mon fils. De l'autre côté, nous pourrons prendre nos repas. J'ai mis des draps propres sur deux des matelas. Ce sera notre pièce à tout faire.

Une coupure de courant plonge brusquement Rakka dans la nuit. Je m'installe contre Hugo et je ferme les yeux.

Le lendemain, nous ne sortons pas. Nous avons besoin de nous acclimater. Hugo joue tranquillement dans notre petite pièce pendant que je m'active à faire le ménage. Je nettoie les placards de fond en comble, déplace quelques affaires afin de pouvoir utiliser des étagères pour ranger nos vêtements. En enlevant une pile de chemisiers de la maîtresse de maison, je me sens gênée, j'ai l'impression d'être une intruse. Si elle revient, j'aimerais qu'elle trouve tout en ordre.

La cuisine donne sur une terrasse. Nous y sortons avec Hugo pour regarder la ville. Le ciel est d'un bleu immaculé, sans un nuage, mais la lumière est hivernale, très blanche. Tant que le soleil brille, il fait bon ; dès qu'il baisse, un froid insistant se répand.

Hugo a découvert avec émerveillement une cage à oiseaux dans laquelle s'ébattent quelques serins. Nous la sortons sur la terrasse pour leur faire prendre l'air. Il s'assied en tailleur, admiratif de leurs couleurs et de leur grâce. Mis à part les pigeons parisiens, il n'a jamais vu d'oiseaux de si près. Nous les regardons voleter et écoutons leur chant. Je me demande qui les a nourris jusque-là. Je remplis d'eau l'écuelle et ajoute des graines dans la mangeoire.

Depuis notre balcon, le panorama est magnifique. La ville s'étend à perte de vue, pas très haute. Chaque ville a sa couleur, je dirais que Rakka est jaune. On voit çà et là quelques bouquets de végétation, mais pas d'arbres fruitiers toutefois. Cette fanfaronnade des garçons me fait sourire. C'est bien d'eux, d'enjoliver ainsi la réalité.

Mon portable ne capte pas. Il n'y a pas de ligne fixe dans l'appartement, ni d'ordinateur. Les petits m'ont déconseillé de sortir seule, du moins les premiers temps. Quand ils viendront nous voir, tout à l'heure, je verrai avec eux comment communiquer.

En attendant, je poursuis mon ménage. Je referme soigneusement la chambre des propriétaires et celles des enfants. Il n'y a que dans notre petit salon télé que je ne me sens pas mal à l'aise.

J'ai préparé, dans l'entrée, des sacs avec les vêtements trop petits de Hugo et des médicaments que j'ai apportés de France pour les distribuer.

Après le déjeuner, préparé avec les moyens du bord, Hugo veut regarder la télévision mais je n'arrive pas à l'allumer.

« Je vais plutôt te mettre un film sur l'ordinateur.

— D'accord, maman… Je veux voir *Cars*.

— Mais tu l'as déjà vu dix fois ! »

J'ai emporté un disque dur rempli de films pour Hugo et de séries pour moi. Tandis qu'il regarde le dessin animé, je tends l'oreille aux bruits de l'immeuble. J'entends bientôt une cavalcade dans l'escalier et des voix claires et gaies d'enfants. Je ne comprends pas ce qu'ils disent mais je devine, au pas plus lourd d'un adulte qui les rejoint, qu'ils partent en promenade. La voix de la mère, sans doute, leur enjoint quelque chose. J'imagine, en souriant, l'universel « Chut, moins de bruit, calmez-vous les enfants ».

L'idée qu'une famille vive dans le même immeuble me rassure. J'en sais si peu sur l'endroit où nous voilà installés que je tire de la plus petite information le maximum de sel. Je vais comprendre plus tard qu'il s'agit là d'une stratégie de l'État islamique. Pour éviter les bombardements ciblés de la coalition, ils se répartissent dans la ville, parmi les Syriens. Il n'y a aucun immeuble qui soit habité seulement de combattants étrangers. Si ces familles syriennes ont été autorisées à rester, c'est parce que leur présence protège les étrangers, comme les garçons, comme moi. Elles servent de bouclier humain.

« On va se promener, maman ? me demande Hugo après le film.

— Pas encore, pas aujourd'hui. On ira demain. »

Je passe un long moment à jouer aux petites voitures avec lui, pour qu'il ne s'ennuie pas. Je suis son seul ami, ici.

Le soir, trois coups rapides suivis de trois plus lents résonnent à notre porte. C'est le signal dont nous sommes convenus avec les trois petits. Ils m'ont recommandé de n'ouvrir à personne d'autre qu'à eux.

Je me précipite à la porte. J'ai hâte d'avoir de la compagnie, des informations, un adulte avec qui échanger. Hugo aussi leur fait la fête. Ils nous ont apporté de quoi manger, des frites à nouveau – il va falloir que je trouve où acheter des légumes – et du poulet style KFC. Hugo est ravi, bien entendu. Nous nous installons dans le salon et prenons notre repas tous les cinq. Les garçons sont tels que je les ai toujours connus, protecteurs et gentils. Ils me disent qu'ils ont mon passeport, qu'il faut qu'ils le gardent pour l'instant, pour les formalités de circulation. J'acquiesce sans trop savoir ce qu'ils entendent par là.

« Et pour l'argent ? Comment on va faire pour les courses, etc. ?

— On te l'a dit, Sophie. Ici, pas besoin d'argent. Nous, on est payés par le gouvernement, comme tous les étrangers. Il y a assez d'argent pour toi et le petit. On va s'occuper de tout, ne t'inquiète pas. »

Je leur demande à quoi ils passent leurs journées. « On travaille pour le gouvernement », voilà leur seule réponse. Je ne sais pas s'ils se méfient de moi, ou bien s'ils ont des consignes de confidentialité, mais je sens leur réticence et je n'insiste pas. Je trouve que Souleymane, qui a toujours été un peu potelé, a maigri, et je me dis qu'il doit faire un travail physique, ou alors suivre un entraînement militaire. Mais je ne pose plus de questions. Le silence et la discrétion ont l'air d'être de mise. Ils sont vêtus d'un kami sur un sarouel, ils se sont laissé pousser les cheveux, dans le style en vigueur parmi les membres de l'État islamique, ainsi que la barbe qu'ils taillent avec soin car le Coran stipule que les poils du visage ne doivent pas toucher les lèvres.

Je vois aussi qu'ils ont des armes, comme tous les étrangers. Mais en général, lorsqu'ils viennent chez moi, ils les laisseront dans leur appartement.

Le dîner est plutôt gai. Je constate qu'ils sont légèrement réticents lorsque je leur donne des nouvelles de leur famille. Ils ne me relancent pas, ne me posent aucune question. Ils m'écoutent poliment, concluent mes phrases par des « Dieu soit loué » ou « Dieu les bénisse », puis changent de sujet. Je me dis que c'est un sujet trop douloureux pour eux, qu'ils préfèrent penser à autre chose, mais je reste mal à l'aise. Idriss ne me pose aucune question sur sa mère et ça me fait de la peine pour sa pauvre maman qui dépérit depuis le départ de son fils.

Les garçons me proposent de m'emmener visiter, le lendemain, l'hôpital où j'espère travailler. J'appréhende la barrière de la langue, j'ignore si je pourrai me rendre utile.

« Ici, presque personne ne parle arabe. Il n'y a que les Syriens et tu ne devrais pas avoir affaire à eux.

— En tout cas, j'espère pour toi… »

Les garçons éclatent de rire comme devant une bonne blague.

« Pourquoi je ne devrais pas avoir affaire aux Syriens ?

— Tu sais, ils sont graves, les Syriens. Jamais vu des types aussi sales.

— Tu verras, ils sont cons ! » renchérit Idriss.

Je n'en crois pas mes oreilles.

« Dis donc, on dirait un touriste français en vacances à l'étranger qui trouverait les indigènes sales et paresseux ! Tu t'entends ? »

Un rire un peu jaune salue mes paroles. Idriss reprend :

« Sérieusement, il faut se méfier des Syriens. Parmi eux, il y a des espions, des indicateurs de Bachar. Et puis n'oublie pas que tu es une femme seule ici. Il peut y avoir des hommes malintentionnés. Tu sais, avant que l'EI prenne le contrôle de la ville, c'était un gigantesque bordel. »

Il me raconte qu'une base militaire étant située près de Rakka, il y avait des maisons closes partout. C'était la débauche, me dit-il avec sérieux.

Mohammed préfère changer de sujet.

« En tout cas pour la langue, pas de souci. Regarde, Souleymane et Idriss non plus ne parlaient pas bien arabe en arrivant et ils n'ont pas de problèmes. Plein de combattants étrangers parlent français. Il y a beaucoup de Français, et d'autres qui viennent du Maroc ou d'Algérie. Et puis sinon, avec l'anglais, tu vas t'en sortir. Je te jure, c'est une vraie tour de Babel ici, sauf que tout le monde se comprend. »

Je hoche la tête. On va voir.

Les petits nous laissent pour que je couche Hugo. Comme le courant est coupé à nouveau, je n'ai pas grand-chose à faire. Je finis par m'allonger à mon tour et je m'endors immédiatement d'un profond sommeil.

8

La ferme à bébés

Le lendemain, nous sommes réveillés très tôt, Hugo et moi, d'abord par les premiers chants d'oiseaux et immédiatement après par le muezzin du matin.

Je ne fais pas les prières, du moins pas cinq par jour. Je prie quand j'en ressens le besoin. Alors tandis que l'imam chante, je fais chauffer du lait pour Hugo et du café pour moi. Il reste blotti sous les couvertures, la température a chuté pendant la nuit. Il faut que je me fasse expliquer comment marche le chauffage au fuel qui remplace les radiateurs électriques.

Nous prenons notre repas serrés l'un contre l'autre, silencieux, en regardant monter la lumière rose du matin qui envahit lentement la pièce.

Puis je me prépare. Je vais revêtir pour la première fois ce qui va être désormais mon uniforme et auquel je n'arrive pas complètement à me faire. Je savais bien que j'aurais à porter un niqab, mais je pensais que je pourrais laisser libres et visibles mes extrémités, c'est-à-dire mon visage, mes pieds et mes mains. Or le niqab l'interdit.

Je m'habille donc d'abord normalement, d'une tenue légère et confortable, avec des bas noirs. Puis je passe mon abaya. Ensuite, la cape. Hugo, assis sur le canapé, me regarde avec attention.

« Maman se déguise en Batman, lui dis-je pour le faire rire.

— Je peux me déguiser aussi ? » La répartie de Hugo dissipe mon malaise.

J'ajoute la capuche, puis le voile. Les deux épaisseurs sur mon regard me plongent dans la nuit noire. J'en enlève une. Tant pis, on verra bien ce qui se passe. En attendant, je préfère voir où je mets les pieds.

Ne reste plus qu'à enfiler mes gants. Ensuite, mes ballerines. Je suis prête.

Les trois petits coups résonnent dans l'entrée, les garçons sont là.

Il n'y a que Mohammed et Idriss. Souleymane, comme le jour de notre arrivée, est absent. Nous partons.

Quelle étrange impression que de marcher dans la rue sous ce voile noir ! J'ai le sentiment d'être cachée et que pourtant on ne voit que moi. Il y a le fantasme, toutefois, presque confortable, de voir sans être vue, qui se mêle à l'étouffement, à la fois psychologique et moral, de me sentir si empêtrée, ensevelie. Après quelques pas, je trébuche et manque me casser la figure.

« Je relève ce truc, j'y vois rien !

— Non non, Sophie, ne fais pas ça. Tu sais, la police est partout. »

Je renonce, agacée. Hugo tient la main de Moham-med. Je marche un pas derrière eux, contemplant les rues avec avidité, du moins ce que j'en aperçois à travers le tissu. C'est un quartier opulent. Les balcons sont ornés de plantes, les trottoirs larges et propres. Toutes les femmes portent le niqab. Certaines se per-mettent la fantaisie de la couleur mais la plupart sont en noir. Beaucoup d'hommes et quelques femmes sont armés. Ils portent leurs fusils en bandoulière dans le dos. Je pose des questions à voix basse aux garçons.

« Qui sont ces gens ?

— Des combattants étrangers. »

Sous Daech, tous les combattants étrangers, quelle que soit leur position, sont armés – en revanche, très peu de Syriens y sont autorisés. Ces étrangers qui marchent avec arrogance au centre du trottoir, comme si la rue leur appartenait, ressemblent davantage à une armée d'occupation qu'à autre chose.

J'aperçois plusieurs véhicules avec des hommes en noir à l'intérieur. Telles des voitures de police en maraude, ils roulent lentement, à l'affût.

« C'est les patrouilles de Daech, la milice. Ils véri-fient que tout se passe bien. »

Les garçons ont l'air bien intégrés. À deux reprises ils saluent, en français, des combattants avec qui ils échangent quelques mots. On ne me présente pas et personne ne m'adresse directement la parole. Dans l'espace public, je n'existe pas.

Les petits me laissent à la porte de l'hôpital : c'est une maternité, seules les femmes sont autorisées à franchir le seuil. J'entre seule, inquiète, intimidée. C'est là que mon voyage va prendre tout son sens ; j'attends beaucoup des minutes qui vont suivre.

L'hôpital est vaste, pas très propre, encombré. À l'intérieur, les femmes dévoilent leur visage et je m'empresse de faire de même. Je respire. J'ai beau me répéter que je peux supporter le niqab si ça me permet d'accomplir la mission que je me suis fixée, c'est difficile. Je me convaincs que c'est un accoutrement, et non pas mon identité. Ni peut-être la leur d'ailleurs, me dis-je en regardant aller et venir toutes ces femmes dans l'hôpital. Je suis rassurée de les trouver jolies, maquillées, apprêtées. Mon niqab est le moyen d'entrer en contact avec cette population qui a besoin d'aide.

Je suis accueillie par Oum Aïcha, une belle femme, anglaise. Ce nom signifie mère d'Aïcha, du nom de sa première-née. Ici, je suis Oum Hugo. Je peux voir qu'elle n'est probablement pas musulmane de naissance, c'est une convertie. Mais elle vit à Rakka depuis longtemps, elle a pris du galon au sein de l'hôpital et une des jeunes filles me chuchote qu'elle est une des femmes de l'émir. Il est très difficile – pour une femme en tout cas, qu'on tient à l'écart des décisions et même des simples informations – de comprendre l'organisation de Daech. Un émir est un chef,

96

il y en a pour chaque province de l'État islamique. On les appelle aussi walis. Je ne rencontrerai jamais le mari d'Oum Aïcha.

Cette dernière me prend sous son aile pour me faire visiter l'hôpital. Nous parlons anglais. Elle me dit, pour me rassurer, qu'elle n'est pas infirmière, qu'elle a appris sur le tas, et je constate qu'elle fait des piqûres et pratique des gestes de soin, sans douceur excessive d'ailleurs.

Ce que je découvre me laisse une impression mitigée. J'ai le sentiment de visiter une usine à bébés issue d'une imagination malade, un délire de mauvais film d'anticipation. Ici, toutes les femmes, quelles que soient leur pathologie ou leur absence de pathologie, accouchent par césarienne. Il n'y a à cela nulle autre justification que le confort du corps médical. Les conditions d'hospitalisation sont loin d'être optimales et l'encadrement est quasi inexistant. Il n'y a par exemple pas de visite d'anesthésiste ni d'examen préalable : tout le monde reçoit la même dose. Partout dans les dortoirs, j'observe des jeunes femmes comateuses émerger difficilement de leur sommeil artificiel pendant qu'un bébé emmailloté braille dans le berceau à côté d'elles. Les soins sont très peu chers pour les Syriennes – ils sont gratuits pour les étrangères – et la plupart des femmes qui viennent se faire soigner ici sont des paysannes pauvres issues des tribus environnantes. Parfois très jeunes, elles reçoivent peu de visites, peu de soutien. Je suis bouleversée par les bébés qui geignent dans tous les coins. Cela ressemble à une ferme d'élevage d'humains, à la fois moderne dans ses techniques et archaïque dans son intention. Les Syriens qui ont de l'argent préfèrent fréquenter les quelques cliniques privées qui fonctionnent encore, où les soins sont de meilleure qualité.

Parmi les étrangères qui travaillent ici, il y a des Égyptiennes, des Saoudiennes, des Tunisiennes. La principale langue de communication est bien sûr l'arabe, mais je ne suis pas la seule à ne pas le parler. En cela, les garçons ne m'ont pas menti. Beaucoup d'étrangères parlent français, elles viennent de France, de Belgique ou du Maghreb. Enfin, quand ça ne suffit pas pour se comprendre, nous passons à l'anglais.

Je suis très réservée, à l'issue de ma visite. Ma première pensée est que je n'aimerais pas être soignée ici. Des images d'enfance me reviennent des jours où j'accompagnais ma mère au dispensaire qu'elle gérait au Cameroun. Les lieux étaient financés par la Belgique et le personnel était dévoué, mais je me souviens surtout de lits soviétiques métalliques, de dortoirs encombrés, de matériel usagé. Je reconnais les grosses couvertures de laine vierge qui couvrent les femmes endormies. C'étaient les mêmes à Yaoundé, ces vieilles couvertures pas assez souvent lavées. Sur certaines, je distingue des traces de sang séché ou de vomi. On dirait plus un hôpital de campagne établi avec les moyens du bord qu'un établissement digne d'une capitale. Le niveau médical est faible. On n'y pratique aucun test sanguin sur les femmes : ni sida, ni hépatites… Les règles hygiéniques de base ne sont pas respectées, je vois partout des biberons entamés qui traînent des après-midi entiers, le lait caillant et se chargeant de bactéries. Des nuages de mouches vrombissent autour de nous.

À la fin de la visite, je rejoins Hugo que j'avais installé dans le poste des infirmières avec son petit ordinateur. Son dessin animé est terminé, il est prêt à partir. « *Ma'as salam* », articule-t-il consciencieusement, déclenchant le rire des femmes qui viennent de lui apprendre ces quelques mots. Il me rejoint en courant.

Je ressors de la maternité le cœur au bord des lèvres. Nous repartons seuls vers la maison car les petits m'ont prévenue qu'ils ne pourraient pas venir me chercher, ils travaillent aujourd'hui. En plein jour, m'ont-ils dit, je ne devrais pas avoir de problème tant que je suis avec Hugo et que je suis voilée correctement.

J'ai mémorisé le chemin. Nous passons devant un petit square que j'ai repéré à l'aller et nous nous y arrêtons. Assise sur un banc, je regarde Hugo jouer avec les autres enfants. Je dois le pousser un peu mais, après un moment de timidité, il se dégourdit rapidement et rejoint un petit groupe. Ça me fait plaisir de le voir rire et se défouler. Comme lors de mon arrivée, je suis étonnée du nombre d'enfants qu'on rencontre en plein jour, partout, dans les rues, dans les parcs. Le soir, quand j'interroge les garçons, ils m'expliquent que les écoles ont toutes été fermées par Daech qui travaille à une mise en conformité des programmes avec les principes coraniques établis dans le califat. En attendant de créer un nouveau système, les enfants sont livrés à eux-mêmes. Il existe quelques écoles clandestines, organisées par des groupes de parents. D'autres familles dispensent les cours à la maison et instruisent elles-mêmes leurs enfants.

Les femmes assises sur les bancs ne se parlent pas, chacune reste sur son quant-à-soi. Moi, parce que je ne parle pas arabe. Mais peut-être qu'elles non plus ? Comment savoir ?

Le soir, les garçons m'interrogent sur ma journée. Je leur livre mes impressions et conclus :

« Cette maternité est vraiment dans un état lamentable.

— Sophie, il faut que tu changes d'attitude. Tu penses trop comme une Française. »

Je m'en étrangle sur mon kebab.

« C'est toi qui dis ça, Idriss ? Toi qui n'as jamais mis les pieds en Afrique. Moi, j'ai grandi au Cameroun. Qui est le Français ici ? »

Idriss est vexé.

« Tu as les yeux pleins de préjugés.

— C'est toi qui es étouffé d'idées reçues. Parce que je suis Africaine, je devrais apprécier la crasse ? Ma maman était infirmière en chef et je peux te dire qu'elle n'aurait rien validé de ce que j'ai vu aujourd'hui. Et pourtant c'était une Africaine, une Camerounaise pure souche !

— Là là là, intervient Mohammed d'un ton apaisant. (Mohammed jouera toujours le rôle du gentil flic.) On va pas se disputer. Sophie découvre des choses nouvelles, il faut qu'elle s'habitue, on peut lui laisser un peu de temps. »

Ce ton paternaliste me déplaît, mais je ne relève pas. C'est vrai que je n'ai pas envie de me disputer avec eux. Je n'ai personne d'autre ici, et puis je les aime bien, ces petits.

9

Une armée d'occupation

Durant les quelques jours qui suivent, je travaille à l'hôpital à temps partiel. Hugo joue et fait des coloriages dans le poste de garde des infirmières où les femmes s'occupent de lui à tour de rôle. Plusieurs parlent français, la communication n'est pas difficile. Sans formation médicale, je me contente de faire ce que je peux : apporter un verre d'eau à une jeune accouchée qui se réveille, ramasser les biberons entamés, rassurer une jeune fille dont la sortie d'anesthésie est particulièrement difficile.

Petit à petit, je commence à percevoir les différentes strates de la société de Rakka. Au sommet de la pyramide, les étrangers. Une majorité d'hommes, quelques femmes, venus de tous les pays du monde. À l'hôpital, je rencontre des femmes originaires du Maghreb, d'Afrique de l'Ouest, d'Australie... La plupart viennent ici rejoindre un époux, ou alors elles sont parties avec lui. Je ne dis à personne que je suis venue seule, ce n'est pas une situation habituelle et je ne veux pas susciter la curiosité. Les petits sont en fait mes tuteurs légaux, même si cette idée me dérange. Il leur a fallu demander un certificat les autorisant à circuler avec moi dans la rue.

Au sein de cette population étrangère, les différences sont importantes. Il y a les combattants, les moudjahidine. Sans réel uniforme, ils ont en général acheté leurs armes eux-mêmes. Ils passent leurs journées dans des centres d'entraînement quand ils ne sont pas au combat. J'ignore ce que font les autres, quels postes ils occupent dans l'organigramme de Daech. J'ai l'impression que dans l'ensemble, ils sont là pour tenir la ville et intimider la population. Parmi eux, il y a une hiérarchie subtile. Un jour, au marché, les garçons m'indiquent du doigt un jeune homme avec un respect évident. C'est Nicolas, un converti français, qui a fait parler de lui pour ses vidéos de propagande. Partout en ville, la police du groupe État islamique circule, menaçante.

En dessous, il y a les Syriens. Parmi eux, ceux qui ont prêté allégeance ont évidemment une situation plus enviable que les autres. Les supporters du président comme ceux de l'armée syrienne libre, avec qui Daech avait un temps noué une alliance opportuniste, sont impitoyablement traqués, pourchassés, assassinés. En bas de la hiérarchie, il y a les Syriens pauvres, le peuple qui se fait discret, tout petit, qui courbe l'échine en espérant que ça finira par s'arranger. La couleur de peau influe sur le statut social :

les Syriens à la peau sombre sont tout en bas de l'échelle, ceux qui ont la peau claire font partie de la bourgeoisie. À l'hôpital, les jolies jeunes filles des tribus qui viennent accoucher ont toutes la peau très brune. J'ai l'impression d'être comme en Inde devant un système de castes avec ses intouchables et sa classe dominante.

Parmi les étrangers, le mépris pour les Syriens est virulent. Les préjugés que j'ai perçus chez les garçons sont partagés : les Syriens seraient sales, paresseux, ce seraient de mauvais musulmans qui n'aiment rien tant que fumer la chicha (ce qui est désormais passible de prison, voire pire si une femme est présente) et boire de l'alcool. De mauvais croyants qu'il faut rééduquer. Les combattants étrangers, dans les rues, n'hésitent pas à se montrer brutaux. Dans les magasins, ils ne font pas la queue, ils bousculent ceux qui sont sur leur chemin. Qui répliquerait face à un homme armé ? Les Syriens baissent la tête et s'écartent.

Tout cela me choque, me met mal à l'aise. Je ne suis pas venue ici pour rejouer la colonisation, et encore moins dans la peau du colon. J'essaie d'expliquer ma gêne aux garçons, qui ne comprennent pas. En moi grandit rapidement une haine de ces étrangers qui se croient si supérieurs. Je la regarde, cette armée d'occupation, ces hommes arrogants qui patrouillent dans la ville tandis que les civils vont et viennent en feignant de ne pas les voir et je me dis : « C'est l'armée du IIIe Reich à Paris, c'est les colons au Cameroun, les immigrants face aux Indiens. » Et tout en moi se révulse à l'idée que je participe à ce système.

À l'hôpital, c'est la même chose, je ne comprends pas ces femmes brutales ou indifférentes devant les jeunes filles qu'elles sont censé aider. J'ai vu une des bénévoles étrangères insulter une jeune Syrienne qui pleurait en se réveillant de son anesthésie, en plein délire, et ça m'a rappelé un stage que j'avais fait en maison de retraite avant de trouver mon premier emploi. Ici aussi, le personnel se conduit en maître. Les infirmières, aides-soignantes et bénévoles, se croient supérieures à ces jeunes filles : elles sont des *mouhajirs*, c'est-à-dire qu'elles ont quitté un pays non musulman pour un pays musulman – et le pays le plus musulman de tous. On appelle cela faire l'*hijra*. Elles pensent incarner l'élite.

Chaque soir, les garçons, du moins deux d'entre eux, viennent nous rejoindre Hugo et moi pour le dîner. Hugo est toujours content de les voir arriver, il est en manque de compagnie masculine, et comme ils sont restés très gamins, ils jouent volontiers avec lui, tout en l'appelant « Petit homme ». Mohammed me propose de prendre Hugo avec lui dans la journée pour me permettre de travailler plus tranquillement, mais je ne veux pas me séparer de mon fils. Je refuse.

Dans l'intimité de mon appartement, je découvre mon visage, mais ils exigent que je cache mes cheveux. Ils préviennent toujours, avant d'entrer, à l'aide du signal convenu.

Je ne connais personne dans l'immeuble. Je sais qu'il y a des familles, je le devine en regardant les chaussures de différentes tailles qui s'entassent devant certaines portes. J'entends parfois des voix d'enfants, des bruits de pas. Mais en général, les lieux sont silencieux. Les gens restent beaucoup chez eux. Tout le monde se méfie de tout le monde.

Les garçons m'ont dit qu'une famille chrétienne vit au premier étage. Je m'accroche à cette idée comme si cet aspect multiconfessionnel était la preuve d'une possible tolérance. J'apprends pourtant qu'ils doivent payer un impôt spécial pour avoir accès aux mêmes droits que les musulmans.

Quelques femmes sont armées. Les garçons m'apprennent qu'il s'agit en général de Tchétchènes. Les Occidentales sont considérées comme de faibles choses à protéger. Les Tchétchènes, elles, sont de vraies dures à cuire.

Certaines Syriennes sont très attirées par les djihadistes. Il y en a parmi elles qui ne se couvrent pas les yeux et mettent du khôl. Une fois, alors que nous allons ensemble au marché, une jeune femme lance à Idriss un joli regard. Il se rengorge.

« T'as vu, Sophie, on peut avoir les femmes qu'on veut ici ! » C'est la réaction du garçon qu'il était avant, un môme émerveillé et vantard. Il me fait rire. Quand je cherche à leur faire plaisir, je les appelle de leur *kounia*, le nom de combattant qu'ils se sont choisi. Preuve de leur immaturité, Idriss et Mohammed ont opté pour le même, Al Taleb. Pour les différencier, on dira donc Al Taleb du Burkina et Al Taleb du Maroc… Ce sont vraiment des gosses, me dis-je.

J'essaie d'expliquer aux garçons ce que je ressens. Ils ne supportent pas mes critiques. Ils ont de moins en moins de recul sur État islamique. « Nous sommes en guerre, Sophie. Le comportement des combattants dans les boulangeries n'est pas une priorité. Tu ne te rends pas compte, l'ennemi se cache parmi la population. On ne peut se fier à personne.

— Oui mais moi, je suis venue pour aider, et là je me retrouve à participer à l'oppression d'un peuple. On n'est pas du bon côté.

— Ma sœur, tu vois tout avec tes lunettes d'Occidentale. Tu es influencée par la propagande. Les choses sont plus complexes que ce que tu crois. »

Ma sœur… Ici, tous les membres de l'État islamique s'appellent frère, sœur. Je ne veux pas faire partie de leur famille.

Nos désaccords sont de plus en plus nombreux. Ils désapprouvent les films de Hugo. Ils pensent qu'il devrait regarder des dessins animés en arabe pour se familiariser avec la langue et la culture. Et puis, il y a de la musique. Or la musique est interdite. J'éclate de rire : « Dis donc, c'est l'ancien rappeur qui parle comme ça ? Tu as oublié d'où tu viens ? » Car les trois garçons ont eu, comme beaucoup de jeunes dans les cités, un groupe de rap quand ils étaient adolescents.

« Et ce que je regarde, moi, ça te convient ? » Je suis plongée dans la série *Orange is the New Black*, des histoires de femmes incarcérées dont la conduite laisse à désirer suivant les canons coraniques : elles fument, boivent, sont lesbiennes… On arrive encore à plaisanter, mais je sens qu'on s'éloigne de plus en plus.

J'apprends sur le tas toutes les règles qui régentent la vie sous le califat et dont ils s'étaient bien gardés de me parler. Jamais je ne m'étais douté que je n'aurais pas le droit de sortir, de prendre un taxi, que j'aurais besoin d'un tuteur. Ils m'avaient fait croire qu'on pouvait venir sans adhérer au groupe État islamique. Ils m'avaient dit qu'on pouvait vivre à l'occidentale, ce qui est pourtant manifestement impossible. Petit à petit, l'idée qu'ils ont pu me mentir sciemment prend corps.

10

Le réveil

Dès 20 heures, c'est la nuit noire. Hugo et moi jouons avec nos lampes torches dans notre chambre, après avoir dîné à la lampe de camping. Il s'endort serré contre moi. Une fois qu'il est endormi, en écoutant sa respiration profonde et les petits bruits de son sommeil, je commence à penser. Mon esprit est curieusement embrouillé. Depuis que je suis arrivée, je me sens dans un état de torpeur que j'attribue à la fatigue du voyage. Exception faite des discussions qui m'opposent aux garçons de plus en plus souvent, je parle peu, je demeure très réservée. J'ai du mal à y voir clair.

Il n'y a pas de réseau de télécommunications ouvert en Syrie. Il faut se procurer des unités dans un cybercafé dont certains sont contrôlés par l'État islamique. On achète en fait des giga. Je suis allée faire l'acquisition d'un code dans un café Internet voisin.

De chez moi, je capte son wifi et je peux donc communiquer sans sortir de mon appartement.

Deux ou trois jours après notre arrivée, je recontacte Julien. Je prétends être bien arrivée en Turquie et avoir commencé mon travail de bénévole. Les communications sont très mauvaises, le téléphone coupe sans cesse, alors je préfère lui écrire. Je lui donne des nouvelles de Hugo, et je raconte ce que je fais de mes journées, en changeant certains détails puisque j'ai raconté que je travaillais dans un orphelinat et non pas dans une maternité. Les garçons savent que je suis en contact avec mon mari et ils me recommandent de ne pas donner trop d'informations. Je promets. Il n'est pas interdit de communiquer avec la France. Au contraire, même. C'est comme ça qu'ils m'ont fait venir, eux, et l'EI a besoin de viande. Il a besoin de chair à canon et il a besoin de femmes pour les combattants. Chaque converti est susceptible de transmettre la bonne parole à son tour, telle est la politique de Daech. Les communications sont contrôlées, mais pas interdites.

Les messages de Julien sont affectueux et inquiets. Il ne me fait aucun reproche, il cherche au contraire à se rapprocher de moi. C'est étrange d'avoir des conversations sur l'avenir de notre amour, sur nos chances de surmonter cette crise qui nous sépare, alors que je suis à Rakka à son insu. Lors de ces discussions ou de ces échanges d'e-mails, Julien est très doux. Petit à petit, il parvient à me redonner confiance en notre histoire. Il me parle de nous, des débuts de notre relation. Il m'envoie des photos dont certaines me causent de véritables chocs. C'est un peu comme si j'avais oublié leur existence. Je réalise qu'il me manque. Je commence à avoir envie de rentrer.

« Sophie, j'aimerais bien savoir où vous êtes avec Hugo, pour me représenter un peu les lieux, être sûr que vous êtes bien installés. » Je mens, je reste vague, mais je lui envoie des photos de Hugo et de moi, pour le rassurer. Il trouve que j'ai maigri, que j'ai l'air fatiguée.

Julien m'apprend que ma sœur est tombée malade, ce qui me bouleverse. À demi-mots, il me dit que ce sont ses angoisses pour Hugo et pour moi qui la minent. Nous ne sommes pourtant partis que depuis une dizaine de jours. Mais le flou de mon projet les rend tous fous. J'imagine aussi qu'ils savent à présent que j'ai démissionné, même si Julien ne m'en parle pas. Je culpabilise de leur causer tant d'inquiétude.

Je reçois aussi des messages gentils et chaleureux, sur Facebook, d'une ancienne collègue qui me dit qu'ils me regrettent beaucoup à la maison de quartier, que je leur manque. Elle me rappelle quelques moments épiques que nous avons affrontés ensemble et ça me fait rire.

Un tremblement intérieur me saisit.

Quand je parle avec Julien, ou avec ma collègue, j'ai des moments d'éblouissement. Ma vie d'avant me paraît soudain non pas parfaite, mais riche, pleine. J'ai l'impression que tout retombe en place. Et puis on raccroche et me voilà seule à nouveau, à Rakka, hésitante, confuse, embrouillée.

J'emmène souvent Hugo au parc en face de la maison. Un jour que je le regarde jouer, une femme s'approche de moi et me demande dans un mauvais anglais, en désignant Hugo de sa main gantée :

« Il est mignon. Quel âge ? »

Impossible de savoir à quoi elle ressemble. Je distingue à peine ses yeux derrière le voile. Elle est accompagnée de plusieurs enfants qui ont accepté Hugo dans leurs jeux.

« Quatre ans. »

Elle hoche la tête. La conversation s'arrête là, sur un rire timide. Elle habite le même immeuble que moi, l'appartement du dessus, et je serais incapable de la reconnaître si je la croisais.

Julien m'écrit tous les jours, parfois à plusieurs reprises. Dans son dernier e-mail, je découvre une photo dont je ne me souvenais pas. Je suis enceinte de Hugo. Je pose de profil, avec un sourire immense. Mon regard, qui est tourné vers l'appareil, vers Julien, irradie de bonheur. Je reste saisie. Je n'ai jamais vu cette photo. « C'est ta photo préférée », m'écrit Julien. Je ne comprends pas comment j'ai pu l'oublier.

C'est comme si, à la suite de cette photo, un pan entier de ma propre vie émergeait du brouillard. Des continents disparus se dessinent, mon histoire me revient. Chaque message de Julien contribue à les faire émerger un peu plus nettement.

112

Pour la première fois je me demande, incrédule :
« Est-ce que je me serais fait laver le cerveau ? »
Mais c'est impossible. Comment trois gosses pas très
malins qui ont dix ans de moins que moi auraient-ils
pu me manipuler ? J'imagine que pour retourner la
tête de quelqu'un, il faut du charisme, un savoir-faire
et une intelligence supérieure. À mes yeux, ils n'ont
rien de cela. Je me dis que c'est la dépression, peut-
être, qui a diminué mes capacités de réflexion.

Le véritable déclic se produit à l'hôpital. Il s'est
passé tant de choses depuis mon arrivée que j'ai l'impression d'être là depuis des mois. Difficile de croire
que nous sommes arrivés seulement depuis une
dizaine de jours.

Aujourd'hui, alors que je traverse la salle des
accouchées en portant des draps propres, je remarque
un nouveau-né qui hurle à la mort dans un berceau.
Contrairement aux autres lits, celui à côté duquel est
poussé son couffin est vide. Je cherche une infirmière.

« Qu'est-ce que c'est que ce bébé tout seul ?

— La mère est morte pendant l'accouchement,
répond la femme sans ciller.

— Mais que s'est-il passé ?

— Ça arrive. Elle hausse les épaules, fataliste.

— Et le bébé ?

— La famille va être prévenue, ils viendront le
chercher. C'est une fille des villages, ils ne seront pas
là avant ce soir. »

Elle passe son chemin, me laissant la bouche ouverte, les jambes tremblantes.

Le bébé pleure toujours dans son berceau. Sa détresse et sa solitude me sont insupportables. Sans réfléchir, je fais quelques pas et je le prends dans mes bras. C'est une petite fille. Je la serre contre moi et je me mets à fredonner à mi-voix les berceuses qui apaisaient Hugo quand il était petit. Celles que me chantait ma mère.

Le nouveau-né s'apaise un peu quand je le berce. J'ai le cœur brisé par cette petite orpheline. Je sens une vague puissante, noire, visqueuse, m'engloutir. La lumière se retire du monde, l'envie de vivre et d'être heureuse disparaissent et il ne reste que l'enfant et moi, seules, serrées l'une contre l'autre. Brusquement je me vois comme de très loin, debout dans cette abominable salle pleine de jeunes filles endormies, serrant contre mon cœur une petite orpheline, dans une ville occupée, au centre d'un pays en guerre.

La prise de conscience est si violente que mes jambes se dérobent. Je me laisse tomber dans un fauteuil avec la petite contre moi.

Plus tard, une femme âgée dont seuls les cheveux sont couverts (privilège de l'âge) entre dans la clinique d'un pas hésitant. Elle longe les couloirs, jusqu'à la salle où je me tiens. Pas de larmes dans ses yeux. Sa bouche n'est qu'un trait amer et résigné. Elle prend la petite, avec douceur, l'emmaillote dans des châles crasseux et repart vers la sortie, sans un regard en arrière.

De retour à l'appartement, je regarde autour de moi et soudain j'ai l'impression d'y voir clair. Un grand soleil d'hiver brille sur Rakka, ces femmes en noir, ces combattants au repos et ces Syriens occupés. Qu'est-ce que je fous là ?

Le soir, j'appelle Julien. J'ai la gorge serrée. « Sophie, je voudrais que tu rentres. Tu me manques, Hugo me manque. Il est temps maintenant. »

Sa voix est très douce, ma gorge se serre. « Je vais rentrer, Julien, je te le promets. »

Après avoir couché Hugo, je demeure éveillée longtemps, les yeux vides. Des images passent dans ma tête à toute vitesse. Un voyage que nous avions fait, Julien et moi, en Bolivie. Nous avions traversé le pays en train, à travers des forêts immenses. Le récit d'un ami de la maison de quartier qui avait travaillé un été dans un orphelinat palestinien. Mes nièces répétant la comédie musicale dont elles se partagent le rôle-titre. Ma sœur revenant de son pas altier du marché. Hugo, bébé, endormi sur le ventre de son père lui-même plongé dans un profond sommeil sur le canapé du salon.

Je me sens soudain très paisible, comme si j'avais trouvé la réponse que je cherchais. Je vais rentrer à la maison.

11

Rentrer

Le lendemain, j'annonce que je veux rentrer. Nous sommes début mars, je suis là depuis deux semaines. Les garçons semblent stupéfaits.

« Mais pourquoi ? Pourquoi si vite ?

— Ma famille n'est pas bien, ils sont inquiets.

— Attends, ne précipite pas les choses. Montre-leur que tu es heureuse et ils se rassureront. Regarde comment on a fait, nous. »

Je les dévisage, incrédule.

« Vous pensez que vos familles sont rassurées ? Toi, Mohammed, dont la mère a essayé de se tuer ? »

Les garçons secouent la tête comme si je ne voulais pas comprendre.

« C'est difficile pour les familles, mais il faut tenir bon. Beaucoup lâchent à cause des leurs. Il ne faut pas faiblir.

— Oui mais moi, je dois de toute façon rentrer dans quinze jours, c'est différent. Ça ne change rien d'avancer mon retour. »

Ils ne répondent pas.

« Vous pouvez vous renseigner pour savoir si c'est possible ?

— On va se renseigner, Sophie, promet Mohammed, toujours aussi désireux d'éviter les conflits.

— Tu veux qu'on t'accompagne à l'hôpital ? demande Idriss.

— Je n'y retournerai jamais. »

J'ai répondu un peu sèchement. Ils échangent un regard mais n'insistent pas. Ils partent travailler et nous laissent à la maison, Hugo et moi.

À partir de ce jour, chaque fois qu'ils passent à l'appartement, je reviens à la charge : « Avez-vous demandé à quelqu'un, pour mon retour ? Auprès de qui faut-il se renseigner ? Alors, ça avance ? »

Ils me disent de prendre patience, que c'est en cours. Et en même temps, ils tentent de me convaincre. « Mais de quoi as-tu peur ? Il n'y a pas de bombe, pas de danger. Est-ce que tu as un appartement comme celui-là en France ? »

Le ton monte sans jamais toutefois déraper. Mais quelque chose me dit que ça ne va pas être aussi facile que prévu.

Le 6 mars, c'est mon anniversaire. Ils ne me l'ont pas souhaité, ce n'est pas la tradition musulmane. Mais sur Internet, j'ai reçu beaucoup de messages gentils qui m'ont fait monter les larmes aux yeux.

Julien me dit que l'état de ma sœur est préoccupant, à cause de moi. Je suis bouleversée. J'insiste

117

auprès des garçons pour rentrer. J'aggrave son état de santé pour les amadouer. Ils savent que je suis orpheline et que j'ai été élevée par elle. Je pense qu'ils vont se laisser fléchir. Je n'ai pas peur, je suis simplement impatiente, je ne veux pas attendre quinze jours. Je suis encore si naïve.

Avec Julien, on se parle tous les jours, jamais trop longtemps pour économiser les unités. Je réfléchis beaucoup à notre relation. Je me rends compte que j'ai aussi cherché en lui un père et je comprends que ça a pu lui peser. À travers nos échanges, je le redécouvre. Je me sens prête, maintenant, à reprendre une relation plus apaisée et plus équilibrée. Je me dis qu'il est possible de recommencer.

Alors j'insiste : « Mais vous avez parlé à la personne ? Comment s'organise le retour ? Ça ne change rien pour vous, que je rentre maintenant ou dans deux semaines... »

Les garçons éludent, temporisent, ne se prononcent pas. Hugo et moi sortons très peu. Dans ma tête, je suis déjà partie.

À nouveau je les affronte. J'annonce que ma sœur a été hospitalisée.

« Tu as dit où tu étais ?

— Non, bien sûr que non. Mais elle est très mal. Tu sais que c'est elle qui m'a élevée. Je ne peux pas l'abandonner comme ça.

— Il faut savoir faire certains sacrifices. »

Leur obstination imbécile me rend folle. J'ai l'impression de ne pas pouvoir les atteindre.

« Écoute, tu m'avais dit que je pouvais venir quelques semaines, pour voir. Je l'ai fait. Maintenant, il faut que je rentre. Je ne peux pas laisser ma famille comme ça.

— D'accord, Sophie, d'accord. On va voir, transige Mohammed. Prends patience, nous devons contacter l'émir, c'est compliqué tu sais.

— Ça n'avait pas l'air tellement compliqué dans l'autre sens, pourtant.

— C'est différent. Tu sais que nous sommes en guerre. Il faut s'assurer que tu n'as pas révélé d'informations compromettantes.

— Qu'est-ce que tu veux que je révèle ? Je ne sais rien. Je n'ai même pas dit à ma famille que j'étais en Syrie.

— Bien sûr, bien sûr. Laisse-nous un peu de temps. »

Hugo refuse la caresse qu'ils lui font en sortant. Il est de plus en plus collé à moi. Il ne dit rien, n'exprime son inquiétude que de cette manière, en restant près de moi. Je remarque qu'il est de plus en plus distant avec les garçons, il refuse même un soir de taper dans la main d'Idriss, comme il aimait à le faire. Le jeune homme se détourne, vexé. Nos relations se détériorent.

Les jours passent. Chaque soir, en prenant garde de ne pas élever la voix pour ne pas inquiéter Hugo, je leur demande où ça en est. Eux, de leur côté, s'évertuent à me convaincre de changer d'avis.

« Pourquoi tu n'essaies pas encore, Sophie ? Il faut savoir faire preuve de volonté.

— Je me fiche de ta volonté. Ne me force pas à devenir méchante. Tiens ta parole, Idriss. Idriss, écoute-moi. C'est moi, Sophie, qui te parle, Idriss ! »

Je dis son nom, je le répète, comme s'il avait le pouvoir magique de ramener avec lui ce bon garçon que j'ai connu. Ça ne marche pas, parce qu'il n'existe plus. Mais je ne l'ai pas encore compris.

12

Prisonnière

Dans l'après-midi du 15 ou du 16 mars, Idriss et Mohammed frappent selon notre code. Je vais chercher mon chèche pour me couvrir. Ils entrent, visage fermé, très remontés.

« Dis-nous qui te demande de partir. »

À nouveau, je leur parle de ma sœur malade.

« Il faut nous donner ton portable. On doit faire vérifier les infos que tu as pu communiquer.

— Je n'ai rien dit ! Je te répète que personne ne sait même que je suis en Syrie. »

Je m'énerve parce que j'ai peur. Cette fois, je sens qu'ils veulent me bloquer. Il ne s'agit pas d'une simple déception à l'idée que je préfère rentrer en France. C'est bien plus, c'est un refus catégorique. Je comprends qu'ils ne vont pas me laisser partir. Je continue de leur parler comme d'habitude, je les engueule comme une grande sœur, mais je sens que quelque chose a changé.

Nous sommes installés dans le salon pendant que Hugo joue dans notre petite pièce à vivre. Notre conversation tourne court. Nous ne pouvons plus nous entendre.

Les garçons se lèvent et se dirigent vers la sortie. Ce n'est qu'en entendant la porte se refermer que je constate que mon portable, qui était posé sur un petit guéridon, n'est plus là.

Ils sont mes ennemis. Je suis terrifiée.

Le lendemain, lorsqu'ils reviennent, ils me demandent ma clé.

« Pour quoi faire ? Vous avez le double et de toute façon je ne peux pas sortir seule.

— Justement, tu n'en as pas besoin puisque tu ne veux plus travailler. Tu n'as rien à faire dehors. »

Je ne peux qu'obtempérer. Nous voilà enfermés. Séquestrés. Je maudis ma stupidité.

À partir de ce jour, chaque fois que les garçons entrent dans l'appartement (en frappant, toujours, pour ne pas me surprendre insuffisamment couverte), Hugo vient se mettre à côté de moi, vigilante sentinelle, et fixe sur eux un regard noir.

« Laisse ma maman ! » lance-t-il à Idriss, qui ne lui répond pas. Il est fini, le temps où ils l'appelaient « Petit homme ». Fini, le temps où ils jouaient avec lui aux petites voitures.

Immédiatement, je décide de commencer une grève de la faim pour les faire fléchir. J'arriverai à les apitoyer, ils ne me laisseront pas mourir. Je saute mon premier dîner. Curieusement, on dirait que je n'ai jamais eu aussi faim que ce soir.

Le lendemain, au petit déjeuner, je me contente d'un thé. À midi, l'odeur de la purée que je donne à Hugo provoque des gargouillis violents dans mon estomac, mais je tiens bon. J'ai déjà fait des jeûnes de détox, c'est une chose que je pratique depuis l'adolescence, de temps en temps. Ça me fait du bien, j'ai l'impression que ça me nettoie. J'ai aussi fait le ramadan l'an dernier. Mais je n'ai jamais poussé le jeûne complet sur une période de plus de deux jours. Je m'accroche.

Pour me rassurer, je me dis qu'un peu de forcing suffira à les faire rebasculer de mon côté, comme cela a souvent été le cas dans nos relations. Ça se terminera par une reculade : « Oh ça va Sophie, c'est bon, on rigole ! » Quand je les entends parler comme des jeunes de la cité, quand ils disent « Wesh ta gueule », bizarrement, je me sens plus tranquille : ce ne sont pas des terroristes fanatiques mais des gosses du quartier. Tout ira bien.

Je ne comprends pas qu'ils sont en pleine mutation. Ils sont encore entre les deux, mais la mue a commencé.

Le lendemain, je leur dis que j'ai besoin de faire une course.

« Il faut que je sorte.

— Tu ne peux pas sortir seule.

— J'ai besoin d'acheter quelque chose.

— Dis-nous ce que c'est, on te le rapportera.

— D'accord, alors allez m'acheter des tampons. »

Le visage de Mohammed s'embrase. D'après eux, les règles sont impures. La femme, en période menstruelle, ne doit pas prier, ni toucher un coran, ou avoir des relations sexuelles. Les trois garçons sont bien embarrassés. Ils se consultent rapidement.

« Tu iras demain. Mais Hugo reste ici.

— Pas question que je sorte sans mon fils.

— Alors tu te débrouilleras autrement. »

Là, je sens que je ne parviendrai pas à les faire plier. Pour la première fois, j'ai peur. Et s'ils enlevaient Hugo ? S'ils me le prenaient ?

« Vous êtes fous. C'est un petit garçon de quatre ans, il faut qu'il sorte de la maison. Ce n'est pas sain.

— Tu ne peux t'en prendre qu'à toi. Si tu revenais à la raison, ça ne se passerait pas comme ça.

— Si revenir à la raison c'est décider de rester en Syrie, ça ne risque pas d'arriver. Vous m'aviez promis que je pourrais repartir. Vous n'avez pas de parole. »

La même discussion, encore et encore.

Le lendemain, je sors donc pour aller au marché qui se trouve à quelques rues de là. Il faut que je me dépêche. Ils ont finalement laissé Hugo venir avec moi mais il me ralentit, j'ai peur de ne pas avoir le temps.

Dans la rue, je marche aussi vite que possible pour mon fils. Je fonce au cybercafé. Je descends les quelques marches de l'échoppe et demande à téléphoner. Heureusement, Julien décroche au premier coup. Je parle vite, et très doucement. Les communi-

124

cations coupent sans cesse et il y a des Français partout. Je ne veux pas courir le risque qu'on m'entende.

« Julien, on est en Syrie. On est retenus. Hugo va bien, mais il faut que tu nous fasses sortir. »

À des milliers de kilomètres de là, je sens sa terreur et sa colère.

« Où êtes-vous ?

— À Rakka. Aide-nous.

— Vous n'êtes pas maltraités ?

— Non. Préviens quelqu'un, ils ne me laissent pas partir. »

La communication est interrompue. J'essaie de rappeler, en vain. Je ressors, chancelante, et rentre à la maison en faisant un crochet par la pharmacie. Dans la rue, je regarde partout autour de moi. J'ai peur qu'ils m'aient vue. Je grimpe les escaliers aussi vite que possible et frappe le signal convenu. « C'est moi, c'est Sophie », je chuchote à travers la porte. Idriss ouvre la porte.

Le soir, quand les garçons passent nous apporter à manger, Idriss me montre, sourire moqueur aux lèvres, une photo qu'il a prise à mon insu avec son téléphone : c'est Hugo posant avec sa mitraillette. J'ignore qu'il va l'envoyer à Julien qui se désespère à des milliers de kilomètres de nous et qui contemplera, bouleversé et impuissant, l'image de son fils de quatre ans exhibant fièrement une arme presque aussi grande que lui.

Tous les jours, quand ils arrivent, j'agresse les garçons, je les pourchasse de pièce en pièce, comme une folle. « Il faut que Hugo puisse sortir ! C'est un petit garçon, il ne peut pas passer son temps enfermé. » J'en pleure d'angoisse.

« Ça ne tient qu'à toi Sophie.

— Vous m'aviez promis.

— Laisse-le venir à la mosquée avec nous.

— Jamais de la vie. Il reste avec moi. Laissez-moi au moins le descendre au parc. »

Ils secouent la tête, inflexibles.

Les jours s'écoulent. Le temps fraîchit, les nuits sont parfois glacées. Je laisse le chauffage allumé en permanence dans notre petite chambre, l'odeur de mazout qu'il dégage emplit l'atmosphère, s'attache à nos vêtements, à nos cheveux. La nuit, je rêve parfois que nous mourons intoxiqués, mais il fait trop froid pour le couper.

Le reste de l'appartement, trop grand donc impossible à chauffer, est glacial.

Hugo et moi portons la cage des oiseaux à l'extérieur tous les après-midi, quand il fait beau, pour leur faire prendre l'air. Aussitôt qu'ils voient la lumière, ils se mettent à chanter et à roucouler. Je raconte des histoires à Hugo en rêvant parfois que j'ouvre les barreaux de la cage et que les oiseaux font ce que nous ne pouvons pas faire : ils prennent leur envol, ils retrouvent leur liberté et fuient loin de la Syrie.

Notre vie est monotone, mais Hugo ne se plaint jamais. Parfois il regarde les arbres du jardin où il aimait descendre jouer et il me dit, mélancolique : « J'aimerais aller me promener. » C'est tout. Quand il entend des pas dans l'escalier et des voix d'enfants, il se fige et écoute de tout son être.

Les jours passent avec une lenteur terrible, strictement identiques les uns aux autres. J'essaie de distraire Hugo. « Raconte-moi une histoire, maman ! » Heureusement, il ne se lasse pas et je ressasse les mêmes contes. On fait des spectacles d'ombres chinoises sur le mur. On regarde ses dessins animés. C'est comme si on retenait notre souffle. Une semaine passe. Puis une autre. Je coince les garçons près de la porte d'entrée et je chuchote, en larmes : « Le petit va devenir dingue, il faut qu'il sorte. Je vous en prie. » Je hoquète. Mais rien ne les touche. Il n'y a pas de sentiment, pas d'hésitation non plus dans le regard. Plus de doute. « Salauds ! Vous êtes des monstres ! » J'ai élevé le ton malgré moi. « Maman ? » La voix inquiète de Hugo retentit dans le couloir. J'essuie mon visage couvert de larmes avant de me retourner. Il est là, vigilant et méfiant, prêt à me défendre. « Ça va maman ? – Ça va chéri. Maman va bien. » Derrière moi, la porte se referme.

Cela fait maintenant trois semaines que nous sommes enfermés. J'ai l'impression de devenir folle. Je me sens comme un insecte qui se cogne au carreau, toujours au même endroit.

Tous les soirs, ou tous les deux jours, les garçons viennent nous apporter à manger. Même quand ils mettent deux jours à revenir, nous ne manquons pas puisque j'ai complètement cessé de m'alimenter. Il y a toujours assez pour Hugo. Je lui cuisine du riz, du thon assaisonné de ketchup. Mais moi je n'y touche pas. Puisqu'ils ne m'entendent pas, il faudra bien qu'ils me voient, qu'ils comprennent que je suis sérieuse. Passés les quelques premiers jours, difficiles, j'ai commencé à trouver que ce n'était pas si dur. Je n'ai plus faim, même quand je nourris mon fils. La nourriture ne m'attire plus. Je sens que je m'affaiblis, il m'arrive d'avoir un vertige quand je me lève. Je sais que je maigris car j'ai dû percer deux trous supplémentaires dans ma ceinture, déjà. Mais les garçons ne réagissent pas. Au contraire, je les trouve de plus en plus fermés.

Dès qu'ils arrivent, je me confronte à eux. Je n'en ai pas peur. Ils jouent aux hommes mais je sais bien, moi, que ce sont des gosses. Des gosses mal élevés et vantards, des gosses dangereux peut-être, mais j'ai encore l'impression de pouvoir les mater.

« Rendez-moi mon téléphone et mon passeport. »

Tous les soirs, j'attaque de cette façon. Je les harcèle, je les engueule, je leur enjoins de respecter la parole qu'ils m'ont donnée, je les poursuis d'un bout à l'autre de l'appartement, démontant les mécanismes par lesquels leur État prétendument paradisiaque les manipule et les aveugle. En vain.

Je décide d'une nouvelle tactique. Je leur dis que je suis malade. Ce n'est d'ailleurs pas faux. J'ai un kyste aux ovaires que j'ai renoncé à faire opérer avant de partir, car il y a des risques de stérilité suite à l'opération. Je tente le coup. Idriss ricane :

« Ouais bien sûr, malade comme ta sœur ? Tu n'es qu'une menteuse.

— Comment ça ?

— Ta sœur n'est pas à l'hôpital. On a vérifié.

— Mais elle est vraiment malade. J'ai dit qu'elle était à l'hôpital parce que c'est ce que j'avais compris. Elle est peut-être sortie depuis. Croyez-moi, je vous dis la vérité. J'allais me faire opérer avant de partir. Il faut que je me fasse soigner sinon je ne pourrai plus jamais avoir d'enfants. »

Je vois que je n'arrive pas à les convaincre.

« Il faut que je retourne acheter des protections.

— Dis donc, c'est pas un peu trop souvent ?

— C'est comme ça, c'est mon cycle. T'as qu'à y aller toi-même si tu préfères. »

Comme je ne me nourris plus, je n'ai pas eu mes règles du tout depuis longtemps. Mais ça, ils ne le savent pas.

Cette fois, en descendant pour aller au souk, je m'arrête chez la famille chrétienne du premier étage. J'ai peur d'être entendue dans le cybercafé. Il y a des espions partout. Je frappe. La femme m'ouvre, méfiante. En anglais, je lui explique que j'ai perdu mon portable et qu'il faut que je téléphone. Je suis la voisine du dessus. Je vois bien qu'elle se méfie, elle regarde derrière moi, dans l'escalier, comme si une embuscade l'attendait. Mais, peut-être parce qu'elle n'ose pas refuser quelque chose à une étrangère, de peur de représailles, elle me laisse entrer et me tend son téléphone. J'appelle Julien. Il répond à nouveau dès la première sonnerie. Il doit vivre dans l'attente de nos appels. Je chuchote précipitamment, il ne comprend rien, il me fait répéter à plusieurs reprises. La femme me regarde fixement, j'espère qu'elle ne parle pas français. Je lui demande de m'envoyer un certificat médical. Un ami de ses parents est médecin. Il faudrait qu'il atteste que je souffre d'une maladie gynécologique qui implique un traitement particulier, que ce soit suffisamment grave pour nécessiter un rapatriement sanitaire.

Je m'accroche à cet espoir.

À partir de ce moment, j'insiste auprès des garçons pour qu'ils se renseignent. Je leur dis que mon médecin devait m'envoyer des ordonnances médicales, qu'il faut que je consulte mes comptes. Mais on n'arrive pas à s'y connecter, car le réseau est trop faible.

J'apprendrai plus tard qu'ils ont appelé Julien pour lui demander confirmation de ma maladie. Mais, comme pour l'histoire de ma sœur, ça n'a pas marché. Rien n'a marché.

Nos rapports se détériorent. Ils me reprochent de ne pas prier, me traitent de mécréante. Je les insulte, je suis comme une furie. « Al-Bagdadi s'en fout de vous. Vous êtes des fous, des enculés ! » Ils me menacent de lapidation ou d'assassinat. Parfois, j'essaie encore de les ramener à la raison : « Laissez partir Hugo et je ferai ce que vous voudrez. Ramenez-le à la frontière, son père viendra le chercher.

— On ne parle pas aux mécréants.

130

— Je connais aussi des Musulmans, il y a des musulmans dans mon entourage, je peux leur demander d'aller récupérer le petit. Après, je ne causerai plus de problème.

— Tu voudrais laisser ton fils ? Tu es une mauvaise mère. Quelle mère abandonnerait son fils ? »

En dehors de ces affrontements de plus en plus durs, notre vie, à Hugo et moi, est très calme. On se réveille au lever du soleil pour son petit déjeuner. C'est la première prière. Le plus souvent, on se recouche pour un moment. Parfois, il se rendort ; sinon, on regarde des films sous la couette. Moi je ne dors presque plus. J'ai beau me forcer à sourire, à tenir bon, il sent ma tension et demeure près de moi à chaque instant. On s'occupe comme on peut. On lit, il feuillette ses albums ou je lui lis des histoires. On sort les canaris. On contemple le paysage. Je crois voir la Turquie, au loin, là où se dessinent des montagnes. On regarde passer des oiseaux au-dessus de la ville, en imaginant pouvoir voler nous aussi. En bas, il entend des enfants jouer, mais il ne réclame plus jamais de sortir. Tout nous est hostile ici.

J'ai toujours été très protectrice avec mon fils et, sans doute, je l'ai traité jusque-là comme un bébé. À présent, je ne vois plus d'issue et je me dis que je vais peut-être mourir ici. Ça fait trois semaines que je n'ai pas mangé. Je ne sais pas comment nous tirer de là. Ma terreur, à l'idée de mourir ici, c'est qu'ils mettent la main sur mon petit garçon. Il est si petit, il serait si facile à embrigader. Ils en feraient un monstre.

Alors j'essaie, tant qu'il me reste du temps, de graver en lui des messages qui ne s'effaceront pas. Je lui dis que son père l'aime. Je lui dis qu'il faut être gentil avec les filles. Il me le promet et m'embrasse, me caresse les joues pour me rassurer. « Ça va, maman ? » demande-t-il trente fois par jour. Je lui murmure des paroles d'amour et de confiance qui puissent résister à tout ce qu'ils pourraient lui faire.

Il faut que je tente quelque chose avant de n'avoir plus d'énergie du tout.

Inlassablement, je passe en revue des scénarios d'évasion. On pourrait, peut-être, gagner par le balcon le toit de l'immeuble voisin. De là, je ne vois pas bien, mais j'imagine qu'on pourrait rejoindre l'escalier intérieur. Sinon, se laisser descendre, d'étage en étage, jusqu'à la rue. Mais le risque à cette hauteur, est trop grand. Si Hugo tombait, il se tuerait. Et puis, même si nous réussissions, une fois dans la rue, où aller ? Comment fuir ? À qui demander de l'aide ?

J'imagine mettre le feu à l'appartement. Les garçons devraient nous faire sortir, on en profiterait pour filer.

Parfois, j'imagine que je me jette, nue, du balcon. Je regretterais juste de ne pas voir leur tête quand ils devraient ramasser le corps d'une femme nue ! Le jeûne produit par moments des sensations hallucinatoires et je me perds dans des rêveries intérieures dont seule la voix de Hugo parvient à me tirer. « Ça va, maman ? demande-t-il.

— Ça va chéri. Ça va. »

Je me réserve cette ultime solution, quand il n'y aura plus d'espoir.

Un jour, les garçons sont surpris par l'appel à la prière alors qu'ils sont chez moi. Ils font leurs ablutions dans l'appartement. Pour cela, bien sûr, ils doivent poser leurs armes. Je pourrais les prendre. Je tirerais, je les criblerais de balles tous les trois, puis nous fuirions, Hugo et moi.

Je me secoue pour m'extraire de ce fantasme. Il faut que je tente quelque chose, sinon ils finiront par m'avoir mentalement.

Mais le plus souvent, à présent, quand ils nous apportent à manger, ils ne rentrent plus.

Je passe de longs moments l'oreille collée à la porte, guettant les bruits de l'immeuble. Je ne sais pas à quoi ça pourra me servir mais je me dis que si nous parvenons à fuir, ça me sera utile. J'ai l'intuition que la femme chrétienne ne m'aiderait pas. Mais je repense souvent à l'autre Syrienne de l'immeuble, celle qui m'avait abordée en anglais, qui passe tous les jours avec ses enfants devant ma porte.

À l'heure de la prière, tout s'immobilise complètement. La cage d'escalier reste le plus souvent déserte. Je prends note de tout, je classe les informations dans un coin de ma tête. J'engrange. Je n'aurai qu'une chance, il ne faut pas que je la rate.

Le soir tombe sur la ville, à nouveau privée d'électricité. Le temps est si long qu'il semble arrêté. Je construis une bulle pour nous deux, pour être forte. Je ne veux plus penser à la souffrance que je cause à

133

ceux qui m'attendent à la maison. Je me concentre sur un seul but : tirer Hugo de là. Je ne survis que pour mon fils. Si seulement je pouvais trouver une solution pour le mettre à l'abri, avec quelle joie je me laisserais mourir. J'ai l'impression étrange d'être vraiment devenue mère. Je ressens ce lien pour la première fois dans toute sa pureté : il n'y a rien que je ne ferais pour lui.

Ce soir, Idriss entre seul. Il tend sa paume à Hugo pour qu'il la tape, mais à nouveau le petit garde les mains dans le dos.

« Allez, viens, Hugo, t'es mon copain, on va jouer à la bagarre.

— Non, t'es pas mon copain, répond Hugo, braqué.

— T'es trop protectrice avec ton fils, tu l'empêches de grandir, me lance Idriss, mécontent.

— Tu oublies la relation que tu avais avec ta mère. Vous oubliez qui vous êtes ! »

J'insiste pour qu'on me conduise à l'hôpital. J'ai beaucoup maigri, je pense qu'ils commencent à mesurer que je suis en mauvaise santé. Ils proposent de m'emmener à l'hôpital de Daech. Je m'insurge : pas question que je mette les pieds là-bas. On doit crever de maladie nosocomiale plus sûrement qu'autre chose. Je veux aller dans une clinique privée dont j'ai entendu parler. Là-bas, me dis-je, je trouverai bien le moyen de parler à quelqu'un et de demander de l'aide.

Après quelques jours de réflexion où ils sollicitent, j'imagine, l'autorisation d'un supérieur, ils acceptent. Je me concentre : je suis certaine de tenir ma chance, mais il va falloir jouer serré.

Arrivée dans la salle d'attente, sous la garde rapprochée de Mohammed, qui porte son arme, je suis frappée par l'atmosphère qui règne. Ici, des hommes et des femmes vont et viennent, travaillent de concert et échangent à visage découvert, sans la moindre gêne. Cette scène parfaitement naturelle, cette atmosphère dans laquelle j'ai grandi, me frappe par son caractère exceptionnel. Le fait que les dignitaires de Daech tolèrent cet endroit prouve qu'ils n'ont pas tellement envie, eux non plus, d'aller se faire charcuter dans leur hôpital public…

J'ai l'impression de respirer à nouveau. Mais la présence de Mohammed, qui est comme mon ombre, m'empêche de me détendre. Je dévisage les secrétaires, les médecins, les infirmières, pour qu'ils perçoivent, dans mes yeux, mon appel au secours. Mais j'imagine que je ne suis pas la seule femme en détresse, et peut-être savent-ils qu'ils ne peuvent rien pour moi.

J'attends mon tour, pleine d'espérance. Quand on m'appelle pour la consultation, Mohammed se lève et s'apprête à me suivre.

Avant que j'aie le temps de m'insurger, le médecin l'arrête. « Les consultations se déroulent en privé.

— Je resterai à la porte, dit Mohammed. C'est la condition.

— Vous acceptez ? » me demande le médecin.

Je baisse la tête. D'accord, essayons. Peut-être que j'arriverai à lui chuchoter quelques mots. Il m'examine derrière un paravent ; je suis douloureusement consciente de la présence de Mohammed à quelques mètres à peine, qui tient Hugo par la main. Comment faire comprendre au médecin ? Il me regarde avec tellement de gentillesse, il m'aiderait j'en suis certaine.

Le voilà qui remet son stéthoscope autour de son cou, il commence à s'éloigner en gribouillant rapidement une ordonnance. Il est parti.

Je me rhabille sans plus aucune énergie. Je récupère l'ordonnance à l'accueil et règle le prix de la consultation.

Après ce jour, les garçons me laisseront retourner à quatre reprises à la clinique, dont une fois seule, et j'en profiterai pour rappeler Julien. On va m'opérer de ce kyste ovarien mais même là, leur surveillance reste si étroite que je n'aurai l'occasion de parler à personne. Pourtant, je trouve quelque répit là-bas, dans cette atmosphère familière. Normale.

« Tu vois qu'on te traite bien, Sophie », me disent-ils en me ramenant à la maison après l'opération.

Un dimanche, au moment de l'avant-dernière prière, alors qu'ils nous ont apporté à manger, j'entends Idriss dire à Hugo de mettre ses chaussures. Je reviens précipitamment de la cuisine.

« Qu'est-ce que tu dis ?

— Je parle au petit.

— Mais tu lui dis quoi ? On dirait qu'il va pleurer. »

Inquiet, Hugo est en effet au bord des larmes.

« Je l'emmène à la mosquée. Ici, il n'y pas de place pour les mécréants.

— Tu l'emmènes nulle part, tu touches pas à mon fils ! »

La gifle tombe, brutale, ma tête part en arrière contre le mur, Hugo se met à hurler. Je porte la main à mon visage brûlant. Une très grande colère, glaciale, m'emplit soudain. Je n'ai pas peur. Je ne suis qu'un bloc de haine. J'avance vers Idriss, je le défie :

« Toi, je connais ta mère, elle a pleuré ton départ dans mes bras. Mais si elle savait ce que tu es devenu, elle souhaiterait ta mort autant que moi je la souhaite. »

Alors qu'Idriss lève la main à nouveau, un bolide traverse l'entrée dans un hurlement : c'est Hugo qui bondit sur lui et le bourre de coups de poing en pleurant. Je tombe à genoux pour le retenir. J'ai peur qu'Idriss s'en prenne à lui. Je viens de prendre conscience, soudain – bien tard –, que les trois hommes que j'ai en face de moi n'ont vraiment plus rien de commun avec les garçons que j'ai connus et que j'aimais bien.

Ce soir-là, j'ai du mal à consoler Hugo. Il réclame son père et ça me fend le cœur. Le courage et la force de mon petit garçon me laissent admirative. Je me sens terriblement coupable et je fais le serment de le ramener à Paris auprès de Julien, coûte que coûte.

Je ne ressens nulle peur. La seule alternative est la mort, je le sais, alors il faudra bien que ça réussisse.

13

La madafa

Le soir même, les garçons reviennent de la prière et entrent dans l'appartement, après avoir toqué comme il est de rigueur entre nous. Ils ont le visage dur, fermé. « Fais tes bagages. Tu dégages demain à la *madafa*. »

Une madafa, c'est une garderie pour femmes. Les moudjahidine y déposent leurs épouses afin qu'elles soient surveillées quand ils partent au combat. Les femmes récalcitrantes y sont cloîtrées, comme celles en attente d'un mari… Certaines sont là de leur plein gré, d'autres y sont enfermées de force. Ce n'est pas tout à fait une prison, plutôt un chenil. Son emplacement est en général soigneusement tenu secret. Je pense que les garçons s'attendent à des pleurs et des supplications. Ils vont être déçus.

« J'en ai rien à foutre de vos menaces. Emmenez-moi où vous voulez pourvu que ce soit loin de vous. »

Idriss a les poings serrés et il tremble de rage :

« Tu n'es qu'une ingrate. On s'est occupés de tout et tu n'es pas reconnaissante. Tu veux jouer ton Occidentale ? Tu vas voir, ils vont t'apprendre là-bas. »

Je hausse les épaules. Tout plutôt que dépérir entre ces murs. Mais avant qu'ils sortent, je réclame :

« Rends-moi mon téléphone ! » Je parle comme dans la cité. Il n'y a plus rien entre nous que la colère et la haine. Idriss ne répond pas. Je saisis une bouteille et je lui crie : « Je te la mets sur la gueule si tu ne me rends pas mon portable. J'irai nulle part sans mon téléphone. Tu entends ? »

Je pense qu'ils ont senti qu'il leur faudrait me sortir de là par les cheveux et me traîner, hurlante et vociférante, à travers les rues. Sans répondre, Idriss tire mon téléphone de sa poche et me le balance à la figure. De toute façon, doit-il se dire, il ne me servira à rien à la madafa, puisqu'il n'y a pas de réseau et que je n'ai pas d'unités Internet.

« Sois prête demain à 8 heures.

— Oh oui, je serai prête. Je serai même devant la porte ! »

Ils sortent et referment soigneusement à clé derrière eux, nous laissant seuls Hugo et moi. Je range précieusement mon téléphone avec le livret de famille. Je cache ce qu'il me reste d'argent dans la doublure de mon sac, en espérant que la fouille ne sera pas trop consciencieuse à l'entrée des lieux. Je refais nos valises en repensant à mes attentes, lorsque nous sommes arrivés, il y a de cela deux mois. J'ai beau me sentir affaiblie par les privations, je suis désormais réveillée, lucide et consciente. Le brouillard qui m'enveloppait à l'arrivée s'est dissipé.

Volontairement, je laisse l'appartement en désordre pour les humilier et leur donner du travail. On se venge comme on peut.

Cette nuit-là, je ne dors pas. Je tremble, je serre Hugo dans mes bras, sursaute au moindre bruit. Je me dis qu'ils risquent de changer d'avis et de vouloir garder mon fils. Selon la loi, il leur est interdit de me l'enlever, car il n'a que quatre ans. Mais j'ai peur de leur bêtise, de leur brutalité. J'ai peur de l'arbitraire. Mon impuissance est terrifiante. Je m'imagine qu'ils pourraient me faire tuer sous le prétexte que j'ai révélé des choses à des gens, en France, ou simplement parce que je veux rentrer. C'est peut-être la police qui viendra se saisir de moi demain à l'aube.

À la première prière, je me prépare, enfile mon niqab, puis réveille Hugo et lui donne son petit déjeuner. Je l'habille chaudement et nous nous asseyons dans l'entrée où ils me trouvent à 8 h 15. Ils ont l'air d'être vraiment déçus que je ne verse pas la moindre larme. Mon visage est comme un masque de pierre. Je ne laisse rien filtrer, pas une émotion. Ma haine est telle qu'elle a pris la place de tout le reste. Elle me donne de la force. Ces garçons sont des monstres et je ne les laisserai pas gâcher la vie de mon fils. Pour nous, ce sera la liberté ou la mort.

Je prends Hugo dans mes bras, ils suivent en portant ma valise.

À la porte de l'immeuble, ils font signe à un taxi. Pendant le trajet, j'essaie de me repérer, on ne sait jamais, ça pourrait toujours servir. Je reconnais la mosquée Ferdouz, nous sommes donc dans le centre de Rakka. Ils font soudain arrêter le taxi, Idriss en sort et aborde un homme de la milice. Je les regarde échanger des salutations, ensuite le milicien s'approche de nous, salue Mohammed, me jette un bref regard puis grimpe dans la voiture. C'est un djihadiste français. Il a la voix et le regard très doux, comme les plus illuminés d'entre eux. Son apparence me glace le cœur. On sent le grand respect que les garçons ont pour lui.

« Où étais-tu ? lui demande Idriss. J'ai essayé de te contacter.

— J'étais à Deraa », répond-il simplement, sans donner plus de détails.

Le silence retombe, chargé d'admiration. Deraa est une zone de combats dans le sud du pays, vers la frontière jordanienne, où l'État islamique envoie des petites unités harceler l'Armée syrienne libre qui affronte les forces du régime. C'est de la ville de Deraa qu'est parti le mouvement de manifestations contre Bachar en 2012.

Les trois hommes m'ignorent et je leur rends la pareille, tournée vers la fenêtre. Ce n'est plus du sang qui coule dans mes veines, c'est la rage la plus pure. Les garçons font arrêter le taxi bien avant notre destination car leur méfiance à l'égard des Syriens est telle qu'ils veulent éviter que le chauffeur devine l'emplacement d'une telle concentration de femmes. Nous descendons à l'entrée d'une rue animée que nous empruntons à pied. Les trois hommes plaisantent, moi j'avance comme un condamné dans le couloir de la mort : mécaniquement, un pas après l'autre, pleine de pensées de vengeance. Le moment de nos adieux est venu et je repense à tout ce que j'ai fait pour ces garçons, pour leurs frères et sœurs, pour leurs mères. Je suis emplie d'une telle haine que j'en ai le souffle coupé. Le milicien leur désigne un bâtiment puis repart vers le taxi tandis que nous allons jusqu'à la porte.

C'est un immeuble comme un autre, sans plaque ni signe distinctif sinon, au-dessus de la porte, une caméra. La grille est fermée à clé. On sonne puis on attend, longtemps : il faut que toutes les pensionnaires, à l'intérieur, se couvrent pour ne pas être vues.

Enfin, deux femmes viennent nous ouvrir. Idriss leur adresse la parole en arabe mais elles repèrent tout de suite son accent français et l'une répond dans cette langue.

« On vient déposer la sœur.

— Jusqu'à quand ?

— Oh, elle va rester. »

Le portail s'ouvre en grand, les garçons posent les bagages dans le sas et se penchent pour embrasser Hugo, qui les ignore. À moi, ils ne disent pas même au revoir. J'entre sans me retourner.

Les deux femmes se présentent. L'une, Oum Ferdouz, est d'origine française. L'autre est une jeune fille belge qui me confie avec ardeur qu'elle est sur le point de se marier. Très vite arrive Oum Hakim, la responsable des lieux. C'est une femme forte, une Française d'origine marocaine. Son visage rond est presque sans rides, j'ai du mal à deviner son âge, mais j'imagine qu'elle a plus de cinquante ans. Elle est de loin la doyenne des lieux. Toute de noir vêtue, elle porte des menottes à la taille et un pistolet dans un gilet en cuir. Elle m'installe dans un salon télé, au rez-de-chaussée, en me disant de l'attendre là, car elle a à faire. Des images du supplice d'un jeune soldat jordanien brûlé vif passent en boucle. Par égard pour Hugo, dont je cache les yeux, une des femmes qui est là change de chaîne et met un programme pour les enfants, des dessins animés de propagande en arabe. Hugo s'installe devant la table basse.

Une femme propose, par gestes, de me faire visiter les lieux. Des enfants commencent à descendre les escaliers. La madafa est littéralement surpeuplée. Femmes et enfants y vivent entassés et enfermés. Mais Hugo, heureux de voir enfin d'autres têtes, va immédiatement vers eux.

J'ai relevé le voile de mes yeux, mais gardé le reste de l'accoutrement.

Un long moment passe avant qu'Oum Hakim redescende de son bureau en soufflant. Elle se plaint de façon théâtrale. « Je suis seule pour tout faire, ici ! C'est un cauchemar. Avant, mon fils m'aidait, au moins. Il était en charge des relations avec l'extérieur. Maintenant, je ne m'en sors plus. Ça prend un temps fou, les mariages ! Toutes ces filles n'ont que ça en tête, épouser un moudjahid ! »

Elle avance en se dandinant, l'air d'une gentille matrone pleine d'enthousiasme. Mais je ne peux pas détacher les yeux du pistolet coincé dans le gilet qui la saucissonne.

Je dévisage les femmes autour de moi. Comment savoir lesquelles sont complices et lesquelles sont victimes ? Je ne dis rien, ne laisse rien deviner de moi, je marche derrière Oum Hakim en écoutant ses explications d'une oreille distraite. Je m'efforce de tout enregistrer, de comprendre comment sont organisés les lieux pour pouvoir fuir à la première occasion.

Oum Hakim porte des clés en collier. Une des pensionnaires, une Française, lui en apporte une qu'elle ajoute au trousseau. Il est donc possible de gagner sa confiance. Je m'efforce de garder un visage aimable et de cacher mon angoisse. Je ne sais pas ce que les garçons ont dit de moi. S'ils ne m'ont pas décrite comme une rebelle, je pourrai peut-être l'amadouer.

J'échange quelques mots avec Oum Ferdouz, la Française qui m'a ouvert la porte. Le *ferdouz*, c'est le plus haut endroit du paradis pour les musulmans… Elle me raconte qu'elle vient de région parisienne. Nous avons le même âge, une petite trentaine d'années. Elle a un regard hagard, comme si elle prenait des médicaments. Je la sens très instable. Elle cherche visiblement à se faire bien voir d'Oum Hakim, dont elle a l'air d'être le bras droit. Je décide de me méfier d'elle. Elle me pose peu de questions et je me garde bien de lui dire que je veux partir. Ce sont les gens de Daech qui tiennent les lieux.

Oum Hakim nous attribue, à Hugo et moi, une chambre au premier étage. Une dizaine de mètres carrés avec des toilettes et une cabine de douche incorporées, comme dans une cellule. La propreté laissant à désirer, je demande un balai. On ne se refait pas : même si je dois fuir demain, je ne peux pas imaginer coucher mon fils dans un endroit aussi sale. La Française m'apporte une couverture propre, une éponge et des produits ménagers, et je me mets au travail. Ça m'apaise, de frotter. Cette tâche mécanique et familière me permet de penser à autre chose. Je pourrais être à la maison en train de faire le ménage. Je pourrais être n'importe où ailleurs.

La Française, le regard toujours aussi hagard, m'explique le fonctionnement de la madafa. Une fois par semaine, les femmes reçoivent un panier de vivres qui contient des fruits, des amandes fraîches, des noix, des haricots, des pâtes, des gâteaux au miel, du lait en poudre, des boîtes de sardines et de thon. Il y a un supplément par enfant. Chacune fait sa propre cuisine et conserve ses provisions dans sa chambre. Le panier est copieux, me dit la Française avec fougue, comme si tout allait pour le mieux dans le meilleur des mondes.

Une fois notre chambre en état, je sors me promener et j'entreprends une inspection des lieux. Les filles que je croise me saluent, à chaque fois je cherche à deviner si elles sont prisonnières, comme moi. Qui pourrait être de mon côté ? La seule autre fille noire, une Australienne d'origine somalienne, me propose des pâtes pour Hugo. En riant, elle me dit qu'elle ne sait pas cuisiner pour une seule personne, elle en a fait trop, comme toujours. J'accepte. Nous nous installons tous les trois dans sa chambre. Elle est très jeune. Enceinte et divorcée, elle attend la naissance de son bébé et, peut-être, un remariage. Nous discutons en anglais. Comme toutes les célibataires du bâtiment, elle partage sa chambre avec une jeune Syrienne, mariée à un étranger, qui nous rejoint bientôt. Souriante et très timide, elle a l'air fière de son djihadiste qui l'a mise à la madafa car il partait combattre. Elle joue avec Hugo, l'appelle « mon petit mari ». Mais Hugo dit « Non, je veux pas » et il me chuchote : « C'est avec toi que je veux me marier ». Ça nous fait rire, même moi, et pendant un instant nous sommes juste trois femmes réunies malgré nos différences. Puis l'émotion passe. J'ai de la peine pour ces filles, mais je sais que je suis complètement seule, ici, avec mon combat.

Deux autres jeunes filles nous rejoignent. Je pense que l'une d'elles est mineure, je ne lui donnerais pas plus de dix-sept ans. Elle a connu son mari en Australie mais elle raconte, à demi-mot, que quand ils sont arrivés à Rakka, il a changé. Elle ne va pas jusqu'à dire qu'elle voudrait rentrer, mais elle a l'air infiniment triste. Son amie, elle, s'est mariée sans avoir jamais rencontré l'homme, qui était représenté par un frère. Elle aussi a l'air fière d'avoir été choisie.

Je leur pose des questions sur l'organisation, sur l'emploi du temps d'Oum Hakim, mais j'ai peur d'attirer les soupçons. Quand Hugo a terminé son assiette, nous redescendons au rez-de-chaussée. La jeune Australienne nous accompagne. Dans le salon télé, ce sont maintenant des images d'égorgement qui passent à l'écran. Je reconnais le Français Nicolas, le converti que les garçons m'ont montré avec tant d'admiration dans les premiers jours, quand nous l'avons croisé au marché. Mon cœur se soulève. Ce sont des monstres. L'Australienne se cache les yeux, elle m'explique qu'elle ne veut pas voir d'images de violence de peur de traumatiser son enfant à naître. Mais les autres rient devant les égorgements. Je détourne le visage et regarde par la fenêtre qui donne sur une courette. Je me demande si je pourrais grimper par là. En haut, j'aperçois une clôture barbelée qui semble border le toit ou la terrasse. Surprenant le regard d'une femme fixé sur moi, je me force à affronter l'écran et les scènes insoutenables qui s'y succèdent.

Un peu plus tard, je poursuis à pas lents mon inspection de la madafa. Au premier étage, tout au bout du couloir, une porte vitrée donne sur la terrasse que j'ai aperçue d'en bas. La porte est fermée à clé, mais je peux voir que la terrasse rejoint l'immeuble voisin. De la courette du rez-de-chaussée, en grimpant sur un petit muret, je pourrais peut-être me hisser jusque-là. Ensuite, on n'aurait plus qu'à se laisser glisser dans

148

la rue, de l'autre côté. Est-ce que Hugo se blesserait, de cette hauteur ?

Le soir venu, pendant que je prépare le repas de Hugo grâce à quelques provisions que les femmes partagent avec moi, une discussion s'engage avec une des sœurs qui veut quitter son mari, alors que lui s'y refuse. Selon l'islam, la femme peut demander le divorce à condition de faire état de manquements répétés de son époux aux devoirs conjugaux. Je tends l'oreille. Je tâche de deviner si elle souhaite rentrer dans son pays. Je suis aux aguets, je tente d'interpréter les moindres signaux. Si je repérais une fille comme moi, nous pourrions essayer de fuir ensemble. Tout en nourrissant Hugo, je me dis qu'il faudrait que je recommence à manger, pour prendre des forces, mais je n'y arrive pas. J'ai l'impression que je ne pourrais pas avaler, la moindre bouchée resterait coincée. Je ne peux me résoudre à ingérer quoi que ce soit.

Dans le salon, les fenêtres donnent sur l'extérieur. Elles sont fumées ; de la rue, on ne peut rien distinguer de ce qui se passe dedans. Mais de notre côté, on aperçoit la rue et les hommes qui y circulent. Une bande de très jeunes filles, excitées, regarde passer des moudjahidine. On dirait des pensionnaires en goguette. Je n'arrive pas à comprendre leur légèreté. Soudain, dans un coin de la pièce, je repère deux filles qui se tiennent un peu à l'écart des autres, la très jeune Syrienne à l'air triste et une des femmes dont on m'a dit qu'elle est divorcée. Je la vois cacher quelque chose dans les plis de son abaya. Mon cœur ne fait qu'un bond : c'est un téléphone.

Plus tard, je parviens à l'approcher alors qu'elle est seule. On discute d'abord un peu, elle me confie qu'elle a quatre enfants ; son mari l'a répudiée, elle attend ici de voir ce qu'on peut lui proposer. Je lui avoue que j'ai aperçu son téléphone. À mi-voix, elle me dit qu'elle a quelques unités et que, d'ici, elle capte un signal wifi, faible mais suffisant pour envoyer des messages. Je lui demande si je peux me servir de son appareil pour envoyer un message, un seul. Je la sens hésitante, méfiante. Elle finit par me promettre de me l'apporter ce soir dans ma chambre.

Après avoir couché Hugo, j'attends longtemps sa venue. En vain. Elle n'a pas osé.

Je passe une nuit difficile.

Le lendemain, je me lève très tôt, je prépare Hugo puis je descends voir la responsable des lieux pour demander à aller à l'hôpital. Je me plains des suites opératoires. Oum Hakim, compatissante, me dit qu'elle va m'emmener à l'hôpital public. Sans critiquer ouvertement l'organisme géré par Daech, je plaide qu'il vaudrait mieux que je retourne à la clinique où j'ai été opérée afin de voir le même médecin. Oum Hakim est réticente, mais elle finit par accéder à ma requête. Je veux demander au médecin de contacter Julien pour moi. Je sais que les Syriens qui travaillent là ne sont pas aux ordres de Daech. Osera-t-il m'aider ? Je l'ignore, mais je n'imagine aucune autre solution.

J'espère non pas qu'elle me laissera y aller seule, mais qu'elle me fera accompagner par une sœur, Oum Ferdouz de préférence. Je n'aurai aucun mal à me jouer d'elle. Cette dernière apparaît justement, lui apportant son petit déjeuner sur un plateau. Je repère les médicaments. Oum Hakim n'est pas en bonne santé. Si je fuis, je pourrai la semer. Même éreintée par ma grève de la faim, je pense que je serai plus rapide qu'elle.

Je remonte me préparer. J'habille Hugo chaudement. La matinée est fraîche mais surtout, me dis-je, on va peut-être se retrouver dehors un long moment. Si on doit se cacher quelque part ou passer la nuit sans abri, il faut qu'il soit bien couvert. Je prends aussi son petit ordinateur pour pouvoir cacher, dans la pochette, des slips, des chaussettes de rechange, quelques gâteaux et bonbons, au cas où. Pendant tout ce temps, quelques mots tournent dans ma tête comme une rengaine : « Il faut fuir aujourd'hui. Il le faut. » C'est un combat pour notre survie. Quand je redescends, Oum Hakim me reproche d'être trop collée à Hugo. Ce n'est pas en le couvant comme ça que j'en ferai un bon combattant pour la foi. Je souris, hypocrite, j'acquiesce, je lui dis qu'il faut comprendre, en l'absence de son père et dans un pays étranger, je le protège de mon mieux. J'essaie de paraître docile.

Au moment de partir, la déception m'écrase : Oum Hakim nous accompagne, en plus d'Oum Ferdouz. Nous descendons, elle ouvre le sas, je sors, elle ouvre la porte de la rue. À ce moment-là, une voix retentit à l'intérieur. Les deux femmes me disent de les attendre un instant. « Va dans la voiture », me dit Oum Hakim.

Nous sommes seuls, Hugo et moi, à la porte de la rue. Le soleil coule à flots. La lumière, dorée, est aveuglante. Durant quelques instants terrifiants, j'hésite. C'est l'occasion, peut-être la seule que j'aurai. Mais si elles redescendent tout de suite, nous n'aurons, Hugo et moi, que quelques secondes d'avance. Nous serons repris, battus, enfermés pour de bon, et alors tout espoir sera perdu.

Je fais un pas vers la lumière. Je serre la petite main de mon fils de toutes mes forces. Le sang pulse à mes oreilles et je n'entends plus rien d'autre.

« Tu n'es pas allée à la voiture ? »

Les deux femmes sont de retour, déjà, derrière moi. Oum Hakim me scrute, attentive. Je rabats le voile sur mes yeux et je réponds doucement : « Je vous attendais. »

Un nuage a masqué le soleil.

À Rakka, les femmes n'ont pas le droit de conduire. Oum Hakim s'installe pourtant derrière le volant et s'engage hardiment dans la circulation. Cela me permet d'évaluer l'importance de sa position dans l'organigramme de Daech. Assise à l'arrière, avec Hugo, je tente une fois de plus de me repérer dans la ville.

Nous nous garons devant la clinique et entrons. À nouveau, je ressens du plaisir à pénétrer dans cet environnement mixte où les femmes, dont le visage est découvert, se conduisent avec tant de naturel en présence de leurs collègues masculins. Je m'approche de l'accueil et demande le médecin qui m'avait auscultée la première fois, celui qui avait voulu s'opposer à ce que Mohammed nous suive dans la salle d'examen. Malheureusement, il est à Alep, dans sa famille, nous apprend la secrétaire. Mais je peux être examinée par n'importe quel autre praticien.

« Elle ne verra pas d'homme, tranche Oum Hakim.

— Mais il n'y a que des médecins hommes ici, ma sœur.

— Il peut te recevoir mais il ne doit pas te toucher.

— Mais pour m'ausculter ?

— Impossible. C'est interdit. »

Son gros menton tremble d'indignation. J'accepte ses conditions. Le médecin vient bientôt me chercher. Je me lève et confie Hugo aux deux femmes, mais Oum Hakim se lève à son tour.

« Je viens.

— Reste avec le petit, Oum Hakim.

— Non, il faut qu'une femme soit présente. Et puis je t'aiderai, pour la traduction. »

Elle nous suit jusqu'à la salle d'examen. Je suis abattue. Je n'y arriverai pas.

Le médecin voit que je ne vais pas bien. Je suis maigre, très lasse. Il réclame des analyses de sang et d'urine. Ma grève de la faim ne sert plus à rien, je le sais, mais il m'est impossible de me remettre à manger. Je suis dans un état de petite mort.

Cette fois, c'est Oum Ferdouz qui m'accompagne pour le test urinaire. Le résultat est immédiat. J'ai une cystite. Je suis fiévreuse. Le médecin prescrit des antibiotiques. « Est-ce que vous vous alimentez correctement ? Il faut manger des légumes et des fruits », conseille-t-il gentiment. Je sais qu'il faut que je reprenne des forces, si je veux m'en tirer.

À la sortie, Oum Hakim règle la consultation et les examens. Quand on est dans une madafa, on est totalement entretenue, mais elle est furieuse d'avoir à payer des frais médicaux alors que la visite aurait été gratuite à l'hôpital de Daech. Elle passe sa mauvaise humeur sur les secrétaires à qui elle recommande, à sa manière à la fois autoritaire et quasi maternelle, de mieux se couvrir. Les jeunes filles hochent la tête et réajustent leur foulard. Elles ont peur. Que pourraient-elles répondre à une femme dont le revolver se devine sous la poitrine ?

Dans la voiture, sur le chemin du retour, Oum Hakim m'interroge : « Je ne t'ai pas vue faire ta prière aujourd'hui. » Je lui mens, prétendant que j'ai mes règles. Elle et Oum Ferdouz me racontent alors l'histoire d'une Française arrivée l'année dernière à la madafa. « C'était un cas bizarre. Elle était venue toute seule, elle ne connaissait personne à Rakka. On l'a prise à la madafa avec nous. Le matin, tu sais, je frappe aux portes pour réveiller tout le monde pour la première prière, et j'ai constaté qu'elle ne priait pas. Elle ne priait jamais. C'était suspect, tu comprends ?

— Alors Oum Hakim a fait une inspection, poursuit Oum Ferdouz, excitée. Elle a fouillé la chambre de la fille. Et tu sais ce qu'on a trouvé ? »

Je ne réponds pas.

« On a trouvé la carte d'un officier de Bachar. » La voix d'Oum Hakim est grave. Je regarde son visage dans le rétroviseur – elle a relevé son voile pour conduire. Est-ce une menace déguisée ? Mais elle est impassible.

« Qu'est devenue la fille ?

— Je ne sais pas. Elle s'est enfuie. On n'a plus entendu parler d'elle. »

Les deux femmes semblent soudain se désintéresser de l'histoire, elles sont passées à autre chose. Je me demande soudain si elles ne m'ont pas tendu un piège, tout à l'heure, en me laissant seule devant la porte ouverte sur la rue. Elles voulaient peut-être me tester. Je ressens, très profondément, le manque de confiance d'Oum Hakim à mon égard. Je ne vais pas faire de vieux os à la madafa.

Une fois rentrées, nous prenons notre repas toutes ensemble. Ma voisine boit au goulot puis me tend gentiment la bouteille. Je la repose sans y toucher. Cela n'échappe pas à Oum Hakim qui m'a décidément à l'œil.

« Tu te conduis comme une Occidentale.

— Je n'y peux rien, c'est comme ça que j'ai été élevée.

— Il faut que tu changes. Ce n'est pas acceptable. Quand j'étais en Afghanistan, moi, je buvais dans les mares ! »

Elle parle comme si elle avait fait toutes les guerres. C'est peut-être le cas, d'ailleurs. Quelque chose me dit que derrière ses airs de mamie moralisatrice, Oum

Hakim est une dure à cuire. « Elle a fait de la prison en France et en Afghanistan », me souffle Oum Ferdouz, son adoratrice.

À la madafa, les filles n'ont que ça à la bouche et à l'esprit : le mariage. C'est la grande affaire. Elles parlent de leurs maris. Elles espèrent un mari. Elles vont changer de mari. Toute leur vie de femme, enfermée entre quatre murs, tourne autour des hommes qui marchent librement dans la ville. Le mieux, apparemment, c'est un jeune moudjahid. La parole, entre femmes, est totalement impudique. Elles échangent sur leurs préférences, comparent les Blancs et les Noirs, les Occidentaux et les Arabes, se donnent de savants conseils.

Aujourd'hui, c'est l'effervescence, car Oum Hakim reçoit un combattant qui vient, avec deux frères comme témoins, demander la main de la jeune Belge qui est là avec sa mère et ses sœurs. La jeune promise a l'air si heureuse, sa mère si fière. L'ambiance est à la fête. Il n'y a que l'Australienne avec son gros ventre qui regarde tout ça avec un certain recul, mélancolique et silencieuse.

Toutes les femmes s'activent en prévision de la visite d'importance. Les couloirs sont récurés, on secoue les coussins dans la salle de réunion, le petit salon, le bureau d'Oum Hakim. La jeune fille irradie.

« Tu es contente ?

— Tu te rends compte ? Être avec un homme ! »

J'ai du mal à ne pas rire, malgré moi.

156

« C'est peut-être moins extraordinaire que ce que tu penses... »

Mais la jeune exaltée ne me laisse pas éteindre son enthousiasme et les autres femmes l'encouragent. Entre elles, elles parlent sexe de manière très crue.

Je demande à Oum Hakim si je peux aller au marché. Elle me chasse comme une mouche, de la main. J'insiste, doucement, gentiment. Têtue comme une enfant.

« Attends, je vais voir », finit-elle par concéder pour se débarrasser de moi.

Mais je la prends au pied de la lettre, je vais chercher mon sac à main et je m'installe dans l'entrée, devant la porte du sas. J'attends, patiente et obstinée. Un va-et-vient permanent et une agitation extrême règnent dans la madafa. À plusieurs reprises, les portes restent ouvertes, mais il y a toujours une des femmes dans le passage. Je redemande à sortir. « Dans une heure », me répond Oum Hakim, excédée, quand j'insiste pour qu'elle m'emmène.

Je remonte dans notre chambre et je fais faire pipi à Hugo. Puis je lui ajoute une couche de vêtements, un jean sur son jogging, un deuxième T-shirt. Il ressemble à un petit bibendum. Je fais comme lui. Je ne prends pas l'ordinateur cette fois, mais je bourre mon sac à main. Puis on redescend devant la porte. Je me dis que, peut-être, une occasion va se présenter. Ne pas la rater, celle-là.

« Les hommes vont passer, rangez-vous. » On nous chasse et nous refluons vers le salon télé. Les femmes les guettent par les interstices. Ils entrent à deux ou trois parmi lesquels un métis baraqué qui soulève des soupirs fervents autour de moi. Oum Hakim, aux petits soins, les fait entrer dans son bureau où la mère de la jeune fille les reçoit. À côté de moi, la fiancée, frémissante, attend qu'on l'appelle. Personne ne vient, derrière eux, refermer les portes à clé.

Ce mariage a été arrangé par Oum Hakim, la fiancée n'a jamais vu son prétendant mais elle espère que c'est le métis, on lui a dit beaucoup de bien des métis, me chuchote-t-elle à l'oreille. Ce n'est qu'une enfant naïve et ignorante, je ne sais pas quoi lui dire, je me contente de lui sourire. Elle a déjà refusé une demande. C'est ainsi que s'exerce la liberté des femmes, dans le refus. Aujourd'hui, elle va manifester pour la dernière fois son libre arbitre. Si seulement je pouvais la prendre sous mon aile, la cacher, la retenir… Mais il n'y a rien à faire. J'ai l'impression d'une brebis qu'on mène à l'abattoir. Elle me bombarde de questions : Comment se passe la nuit de noces ? Sa mère lui a expliqué que son moudjahid la traiterait comme une princesse. Je ne dis rien.

La voix d'Oum Hakim retentit. « Oum Ferdouz, viens. » La Française se secoue. Elle se couvre, la jeune fille aussi, et les voilà qui sortent. Je les vois aller au bureau d'Oum Hakim. Oum Ferdouz n'entre pas. Oum Hakim lui dit quelque chose et la voilà qui sort, dans la rue. Dans le salon télé, les femmes discutent gaiement.

Je prends la main de Hugo et je sors de la pièce. La porte du bureau d'Oum Hakim est fermée. Il n'y a personne dans le couloir. Je pousse la porte du sas, qui s'ouvre sans un bruit. Je vois la lumière de l'extérieur par le battant de la porte de la rue. Dehors, à droite de la porte, Oum Ferdouz est en pleine discussion avec un homme, son mari probablement. Elle me tourne le dos. C'est le moment, cette fois je le sens. Comme si une main me poussait fortement, j'avance. Je n'ai pas le temps d'avoir peur, de douter, d'hésiter. C'est maintenant. Hugo me regarde, interrogatif. « On va acheter un goûter », lui dis-je car je ne veux pas, si nous sommes pris, qu'il nous trahisse.

Tenant fortement Hugo par la main, je me faufile dans la rue. Le soleil étincelle, Oum Ferdouz ne tourne pas la tête, je prends la direction opposée et fonce vers la liberté.

14

Dans les rues de Rakka

Nous marchons sans précipitation jusqu'au coin de la petite rue de la madafa. Je m'interdis de me retourner, j'avance la tête haute comme si j'étais dans mon droit. À tout instant je m'attends à entendre la voix d'Oum Ferdouz, ou à être saisie par le col. Mais rien ne se produit. Au coin, je tourne. On ne peut plus me voir depuis la madafa.

La rue est animée, la circulation dense. Mon souffle s'accélère : nous sommes en fuite. J'aperçois un petit groupe d'hommes devant nous, des barbus de Daech. J'avance. Soudain, Hugo trébuche. « Fais attention ! » Ma voix est sèche. Étonné, mon fils me regarde et se redresse. Nous dépassons les hommes sans qu'ils nous remarquent. Je tourne dans la rue suivante et prends Hugo dans mes bras. Nous nous engouffrons dans un lacis de petites ruelles. J'essaie de mettre autant de distance que possible entre la madafa et nous. Mais je suis très affaiblie par mon jeûne et bientôt, je n'arrive plus à porter mon fils. Je le pose et m'accroupis devant lui.

« Hugo, on va faire un jeu maintenant. On va courir. Toi, tu vas courir comme le vent, tu vas courir aussi vite que Flash McQueen. Tu veux bien ?

— Oh oui maman, je vais courir de toutes mes forces. »

Flash McQueen, la voiture du dessin animé *Cars*, est l'héroïne de mon fils. Hugo s'élance sur le trottoir de toute la puissance de ses petites jambes. Il fonce si vite que j'ai du mal à le suivre, empêtrée dans mes robes, aveuglée par le voile. On court pour notre vie sur les trottoirs de Rakka. On court vers la libération. Et Hugo fonce. En regardant ses petites jambes tricoter je pense : « Cours mon amour, cours. » Il se retourne et me dit : « Vas-y maman, tu vas y arriver aussi. Cours, maman. Cours. » J'accélère. C'est mon fils qui me porte et qui me redonne du courage.

Nous débouchons dans une rue plus large et j'entreprends de trouver un taxi. Je m'approche du premier dont le visage me paraît sympathique, un Syrien qui ne porte pas la barbe et qui a l'âge d'être grand-père. Je lui donne l'adresse de la clinique Majfer Ali.

« Où est ton *maharam* ? » demande-t-il. « Où est ton tuteur ? » Je répète « Majfer Ali », mais il secoue la tête. Il ne se risquera pas à prendre une femme seule. Il regarde droit devant lui, implacable. Je m'éloigne rapidement.

Après trois ou quatre essais, alors que je commence à désespérer, un homme accepte enfin de nous emmener.

Il faut absolument que mon médecin soit de retour d'Alep. Je vais lui demander de prévenir ma famille en France, j'avouerai que nous sommes en fuite. Je demanderai assistance. Il ne pourra pas me refuser son aide.

Nous voilà arrivés. J'entre dans la clinique et m'adresse à une des secrétaires qu'Oum Hakim a sermonnées le matin même. Je demande à voir un médecin. La jeune fille me répond que tous les médecins sont partis, qu'il faudra revenir demain. Je retire mon voile et expose mon visage affolé. Malgré moi, les larmes se mettent à couler. J'ai du mal à reprendre mon souffle, les mots se précipitent, en anglais, je bredouille : « Je vous en prie. Je n'ai nulle part où aller. Il faut m'aider. Je vous en prie. »

Son sourire est professionnel, aussi impénétrable que le refus du vieux chauffeur de taxi tout à l'heure.

« Il faudra revenir demain.

— Laissez-moi passer la nuit ici, s'il vous plaît.

— Je suis désolée, il n'y a plus de lit disponible. »

J'ai l'impression que ma tête va exploser. Je chuchote : « Et chez vous ? Je peux venir chez vous ? Juste cette nuit ? Je vous en prie. »

Je vois la flamme vacillante de la peur, la peur brute et nue, dans son regard. Son sourire ne faiblit pas, mais je sais qu'elle se souvient d'Oum Hakim et de son revolver. Elle ne m'aidera pas. Pourquoi risquerait-elle sa vie pour une inconnue ? Je la supplie encore, pourtant j'ai compris que je perds mon temps.

J'ai réussi à fuir, mais je suis prise au piège comme un rat dans cette ville où je ne connais personne. Le niqab m'offre l'anonymat dans la rue, mais me désigne comme une cible. Personne ne va m'aider. La ville entière vit sous le règne de la terreur. Nous sommes perdus.

Nous ressortons de la clinique, Hugo et moi, j'ai les jambes chancelantes. Je n'arrive à penser à rien.

Nous marchons au hasard des rues. Le soir va bientôt tomber, il faut que nous trouvions une cachette, je réfléchirai mieux demain. Je pense à un des grands chantiers que j'ai repérés le premier jour en arrivant. Mais la nuit, les températures sont très basses. J'ai peur que Hugo souffre du froid malgré les épaisseurs de vêtements dont je l'ai couvert.

La Syrienne de mon immeuble me revient en tête. C'est la seule, depuis que nous sommes à Rakka, à m'avoir manifesté un intérêt sincère. Mince, il est vrai. À peine une question, un sourire qui se devinait dans la voix. Rien de plus. Mais je n'ai personne d'autre. Pas d'autre idée. Personne vers qui me tourner.

Je décide d'aller frapper à sa porte. Dans l'immeuble où nous vivions. Dans l'immeuble où sont les garçons. C'est se jeter dans la gueule du loup. Mais c'est mon seul espoir.

Dans la rue, plusieurs taxis sont stationnés, à l'arrêt, dans l'attente d'un client. Je marche lentement et les

passe en revue, pour deviner celui qui nous accepte-
ra. J'ai peur d'être dénoncée.

Pas lui, il porte la tenue afghane en signe de rallie-
ment à Daech. Pas lui, sa barbe est trop bien taillée.
Le troisième a les cheveux courts, le front lisse, la
barbe rasée. Je m'approche, pleine d'espoir et lui
demande de nous déposer au marché central. Dans
ma fatigue et mon affolement, le nom de l'hôpital de
Daech ne me revient pas. Ce serait pourtant plus près
de notre immeuble. Mais j'arriverai à retrouver le
chemin depuis le marché.

Après une infime hésitation et un bref coup d'œil
alentour, l'homme nous accepte dans son véhicule. Il
s'engage dans la circulation. J'essaie de percevoir
son regard dans le rétroviseur. Il n'a pas mis de *nashid*
à la radio, ces chants de victoire, seule musique
autorisée par l'État islamique. Alors soudain, je me
lance : je lui demande de nous conduire à la frontière.
Il ne parle pas anglais, mais la peur me rend ingé-
nieuse. Je lui dis que je suis une *mouhajir*. Je dis Sanliurfa, le nom de la ville turque où j'ai passé la
frontière, je trouve les mots arabes pour « famille »,
« argent ». Je répète : « Je paierai, je paierai », en lui
montrant mon sac.

L'homme écoute. Puis il se gare et me fait signe,
de la main, d'attendre là. Je le regarde descendre. Il
s'approche d'une petite échoppe qui vend des tenues
militaires. Tous mes sens en alerte, je ne le perds pas
de vue. Devant la boutique, le commerçant et un autre
homme discutent. C'est un Occidental converti. Ce

n'est pas bon, pas bon du tout. Mon chauffeur attend respectueusement qu'ils aient terminé leur conversation.

Je ne réfléchis pas une seconde de plus. J'ouvre la porte, j'attrape Hugo par la main et je sors de la voiture du côté de la circulation. Je prends mon fils dans mes bras et je fonce entre les voitures. Je parviens à traverser et m'enfonce dans la première ruelle. Hugo est cramponné à moi. Ses mains sont serrées derrière mon cou, ses jambes nouées autour de mes hanches et je cours à perdre haleine. Je sens sur moi le regard des hommes. La prise de Hugo plaque la grande robe contre moi et dessine mes formes. Mais je ne me m'arrête pas, je fonce.

J'ai chaud, j'ai le souffle court, les muscles de mes bras sont en feu, mais je ne lâche pas mon fils. Je ralentis un peu, simplement, pour moins attirer l'attention et j'essaie de me diriger vers notre ancien immeuble. Je ne reconnais pas les rues. Nous marchons une heure au hasard, avant que je commence à me repérer.

15

Dans la gueule du loup

Il y a, en bas du grand escalier à révolution de notre immeuble, une sorte de cagibi qui sert à entreposer les produits de ménage, des meubles, des pots de fleurs vides. Impossible d'être sûre de ne croiser personne, mais je n'ai pas le choix, nous ne pouvons pas rester plus longtemps dans la rue.

Portant toujours Hugo serré contre moi, j'entre rapidement et y vais tout droit. Le hall est désert. Nous nous engouffrons dans le cagibi et je repousse la porte derrière nous. Enfin. Je suis à bout de forces, je me laisse glisser au sol. Hugo se blottit contre moi. Je reprends mon souffle dans la pénombre.

« Hugo, il ne faut pas faire de bruit. On va rentrer voir papa. Mais pour ça, il faut être très sage. Tu comprends ? Il y a des tontons méchants qui ne veulent pas qu'on retrouve papa. Alors on ne parle pas. D'accord ? »

Mon petit bout hoche la tête gravement et garde les lèvres serrées : il n'émettra pas un son.

Je guette les bruits dans la cage d'escalier. Un pas d'homme résonne sur les marches au-dessus de notre tête, puis s'éloigne. J'ai résolu d'attendre l'heure de la prière où nous n'avons aucun risque de croiser qui que ce soit. Pour les hommes, il n'est pas pensable d'échapper à la prière. Les boutiques doivent fermer leur devanture, des patrouilles sont dédiées à faire respecter ce règlement. En théorie, la bastonnade attend les retardataires, mais le plus souvent, la punition consiste en coups de fouet, une amende et un stage obligatoire d'endoctrinement. Il ne fait pas bon être considéré comme un mécréant sous le règne de Daech.

Pour les femmes, la pratique est un peu plus souple, en raison de la règle qui nous dispense de prière pendant nos menstruations.

J'entends enfin le chant de l'imam s'élever. Encore quelques instants, pour être tout à fait certaine que tout le monde y soit, puis je prends la main de Hugo et nous sortons du cagibi. Nous grimpons les étages, j'ai de la peine à soulever les pieds, j'ai l'impression d'avoir jeté mes dernières forces dans cette course effrénée à travers les rues de Rakka. J'ai douloureusement conscience qu'il s'agit de ma dernière chance. Si la femme nous ferme la porte au nez, nous n'aurons plus qu'à errer dans les rues en attendant d'être pris. Alors nous serons séparés, pour moi ce sera la mort. Pour Hugo, un orphelinat, l'école coranique, la solitude et une détresse si complètes que je ne peux y songer sans terreur.

Au quatrième étage, je jette un coup d'œil sur les chaussures entassées devant la porte. Il n'y a pas de souliers d'homme, le père est à la prière. Je frappe.

Après un court instant, la porte s'ouvre. La Syrienne a simplement noué un foulard sur ses cheveux. Je vois son visage, simple et franc, son regard inquiet déjà. Un coup à la porte, c'est toujours le risque d'une mauvaise nouvelle.

Je retire mon voile. Les larmes coulent, malgré moi, comme tout à l'heure devant la secrétaire de la clinique. Je ne dis pas un mot. Je la dévisage, dégoulinante. Elle me regarde, ses yeux s'élargissent, la peur et la compréhension font jour. Je vois le moment où elle va refermer la porte. Puis elle aperçoit Hugo qui se tient à mes côtés, sage et silencieux comme je le lui ai demandé. Son visage se crispe.

Elle fait un pas en arrière et me fait signe d'entrer.

À l'intérieur, nous ôtons nos chaussures. Elle nous installe dans le salon.

Madana parle anglais. Je lui raconte mon histoire. Elle est interloquée. Qu'est-ce que je suis venue faire dans ce pétrin, moi qui ne suis pas syrienne ? Si elle pouvait, elle aurait fui la guerre, elle. « Et pourquoi tu ne rentres pas en France ? Toi tu peux, puisque tu es française. » Elle peine à comprendre que cela m'est interdit par Daech. Elle ne comprend pas l'intérêt de me retenir ici contre mon gré. Mais après tout, rien n'est impossible, venant de ces fous. « Ce sont des monstres. Des meurtriers. Ils viennent ici pour torturer notre peuple. » Elle me raconte que quelques mois avant mon arrivée, sur une petite place voisine, des dizaines d'hommes ont été exécutés en public par les combattants étrangers. Il y a eu des lapidations.

Tout en parlant, elle nous sert des gâteaux et du thé. Je mange un peu, je sais qu'il faut à tout prix que je reprenne des forces, mais mon estomac a rapetissé et je me sens rassasiée, et même presque dégoûtée, après seulement quelques bouchées. Hugo, en revanche, fait honneur au goûter. Elle ne cesse de le câliner, de l'embrasser, de le prendre sur ses genoux. Je la laisse faire. Si elle aime Hugo, elle fera tout pour le sauver. Les enfants l'entourent aussi, apportent leurs jouets dans le salon, mais nous veillons à ce qu'ils ne fassent pas trop de bruit.

« Tu connais des gens qui sortent de Syrie ?

— Je ne connais même pas de gens qui arrivent à sortir de Rakka. Tu as vu tous les check-points qu'il y a aux portes de la ville ? Il faut un laissez-passer spécial. »

À la fin de la prière, son mari rentre. Elle va l'accueillir dans l'entrée. Je les entends chuchoter. Notre vie se joue. Il passe la tête par la porte et vient me saluer. C'est un petit homme rond. Chez lui aussi, je sens la peur. J'ai honte d'apporter le danger dans leur foyer, je lui demande pardon. Il hoche la tête et m'explique qu'il va aller dormir chez un ami. S'il y a une descente de police, ils ne pourront pas fouiller l'appartement en l'absence d'un homme. Il faudra qu'ils

169

fassent venir une femme policière, et il y en a moins. Ça nous permet de gagner du temps. Je le remercie, les mains sur le cœur, puis il s'en va, laissant sa femme et ses enfants en danger par grandeur d'âme.

Madana et moi reprenons notre discussion.

« Vous pouvez rester ici pour la nuit. Mais pas plus longtemps. C'est très dangereux. Ici, c'est plein des hommes de Daech, tu le sais. Tout l'immeuble, tout le quartier en est plein. On ne peut pas vous garder.

— Merci de tout mon cœur. Il y a forcément une solution. Peut-être que c'est possible de trouver un passeur.

— Mais je ne sais pas comment, dit-elle tristement. À qui faire confiance ? Il paraît que c'est plus facile à Tal Abiad. »

Elle déplie une carte.

« Regarde, tu pourrais aller là-bas en bus. Puis vous demanderiez.

— Mais à qui ?

— À la gare routière. Tu les verras, les passeurs. C'est près de la frontière.

— Mais comment quitter Rakka ? Je n'ai pas le droit de voyager seule. »

Elle secoue la tête, catastrophée. Elle ne sait pas. Il n'y a pas de solution.

« Il faudrait que je puisse téléphoner à mon mari. »

Madana appelle son fils aîné, Hassani, et l'envoie au cybercafé pour acheter des unités. Il revient une vingtaine de minutes plus tard. Je tape le code sur mon portable et compose le numéro de Julien. Je prie. « Décroche. Je t'en supplie, décroche. »

À la deuxième sonnerie, j'entends sa voix, tremblante d'émotion.

« Sophie ?

— Julien, on s'est enfuis. Il faut que quelqu'un m'aide. Préviens la DGSI. »

16

Les retrouver

« Julien, on s'est enfuis. Il faut que quelqu'un m'aide. Préviens la DGSI. »

C'est la voix de Sophie, précipitée.

« On s'est évadés. On est toujours à Rakka. Dans une famille syrienne, mais je ne sais pas si on va pouvoir rester longtemps. Les gens ont très peur. Ils m'ont dit que je ne pouvais rester que 24 heures. »

Ce soir-là, j'étais sorti m'acheter une pizza quand mon téléphone a sonné. Je me suis figé. C'était la sonnerie que j'avais attribuée à son numéro, un morceau que nous aimions tous les deux et dont le refrain, « *There she comes* », paraît soudain de circonstance...

Ma femme et mon fils sont partis depuis plus de deux mois et cela fait deux semaines que je n'ai aucune nouvelle. Deux semaines que je crains, à chaque instant, d'apprendre leur mort. Le souffle court, je me suis arrêté net dans la nuit, au pied de notre immeuble, mon carton de pizza qui refroidit sous le bras et le téléphone brûlant pressé contre mon oreille. Prévenir la DGSI ? Mais que croit-elle que j'ai fait, ces dernières semaines ?

Quand Sophie m'a annoncé, au retour de ses vacances à Gorée chez la tante d'un garçon du centre, qu'elle voulait repartir, pour la Turquie cette fois, j'ai été content qu'elle décide d'emmener Hugo. J'en avais marre de tout gérer seul. Elle s'éloignait depuis des mois déjà, toujours plus prise par son travail, toujours accaparée par les autres. Qu'elle parte, me suis-je dit. Ça nous donnera de l'air. Il y avait quelque chose de confus, pourtant, dans son projet. Mais j'étais las. Je n'ai pas creusé.

La veille de son départ, j'ai reçu un e-mail anonyme signé d'un certain Jimmy Hendricks. Le message était rédigé en majuscules, bourré de fautes d'orthographe. Ça sentait la mauvaise blague. Mais les mots étaient sans ambiguïté : « Ta femme et ton fils partent pour le djihad. Méfie-toi, tu ne les reverras jamais. »

J'ai passé la journée à y réfléchir. Mes filles aînées, d'une première union, étaient à la maison pour l'après-midi. J'ai attendu de les avoir redéposées chez leur mère pour appeler ma femme.

« Alors, il paraît que c'est un départ sans retour que tu prépares ? »

J'ai apprécié son silence stupéfait. J'ai décidé de pousser un peu : « Je suis devant le commissariat et je te préviens, Sophie, je vais entrer et je vais te dénoncer. »

173

Je n'y croyais pas, pourtant. Pas vraiment.

Un torrent de paroles a déferlé dans l'écouteur. Sophie était folle de rage. Je me suis vraiment pris une volée de bois vert. Elle était choquée que je choisisse de prêter l'oreille à des âneries pareilles. Partir pour le djihad, avec Hugo ? Je n'en avais pas d'autre ? Elle m'a raconté qu'un des jeunes qui avait été exclu des activités de la maison de quartier à cause de son mauvais comportement leur faisait des sales coups, cherchant à se venger. Son collègue Éric, un de mes amis de lycée, avait lui-même reçu un e-mail de menaces. Ce n'était évidemment pas à prendre au sérieux. C'était le délire d'un gosse en colère.

Pas un instant ne m'est venue l'idée qu'il n'est pas de meilleure défense que l'attaque et que la virulence de ma femme était le signe de sa culpabilité. Je l'ai crue. Je lui ai même demandé pardon d'avoir pu prêter foi à une telle absurdité. Elle m'a dit qu'elle allait régler ça, elle appelait tout de suite le jeune qu'elle soupçonnait. Je lui ai dit « À ce soir ».

C'est un vendredi matin que j'ai conduit ma femme et mon fils à l'aéroport. Nous étions tristes et fatigués. Je lui ai promis de tenir la maison propre. Pour la faire rire, à peine de retour chez nous, je lui ai envoyé des photos de moi en plein ménage. J'ai déplacé des meubles, j'ai réorganisé tout le salon. Je savais qu'on avait besoin de faire une pause, mais j'avais envie que ça marche. J'ai pensé à nous, à notre relation, durant tout le week-end. Et pendant ce temps, elle volait vers la Syrie.

Le lundi après-midi, mon portable sonne alors que je sors de classe. C'est le numéro d'Éric, le collègue de Sophie avec qui j'étais au lycée. Je décroche.

« Salut, Julien. J'appelais pour prendre un peu des nouvelles de Sophie. »

Mon pouls s'accélère. Il n'y a aucune raison qu'il appelle sur mon portable pour prendre des nouvelles de ma femme, sa collègue. « Elle est partie en vacances. En Turquie.

— Oh putain ! »

Je l'entends qui parle avec quelqu'un.

« Quoi ? Qu'est-ce qu'il y a ? Éric !

— T'es chez toi ? On va passer avec Fela. »

On arrive à peu près en même temps. Je les installe dans le salon. J'ai hâte qu'ils sortent ce qu'ils ont à dire et en même temps, j'ai peur.

À raison. Ils m'apprennent que Sophie a démissionné il y a un mois. Mardi elle a effectué son dernier jour de travail et elle a refusé qu'ils lui fassent un pot de départ.

« Elle a changé. » Tous les deux la connaissent depuis qu'elle est arrivée à la maison de quartier. Je les écoute.

« Elle a vraiment changé. Elle s'est repliée. Elle ne parle plus avec nous. Elle fait beaucoup de trucs... bizarres. Elle s'est rapprochée de certaines familles. La famille d'Idriss, notamment, ce jeune qui est parti. Tous les soirs, après le boulot, elle va chez eux. On savait pas si tu étais au courant. On hésitait à s'en mêler. »

Je reçois les informations en pleine face, comme une série de petits coups rapides. J'encaisse comme je peux. L'humiliation, la peur, la colère se le disputent en moi. Les dizaines de mensonges de ces derniers mois commencent à être mis au jour. Le plus gros, bien sûr, c'est la démission. Je les regarde et je n'ose pas penser ce que je pense. On sait tous que la Turquie est le point de passage pour la Syrie. Mais je n'arrive pas à y croire. C'est trop gros. C'est trop fou.

« Elle n'aura pas mis Hugo en danger. C'est une bonne mère.

— Elle n'est plus elle-même mon ami, dit doucement Fela.

— C'est impossible. » Je ne peux pas y croire.

Et pourtant, c'est vrai que je ne sais pas où ils sont. Le dernier texto remonte à la veille. J'ai déjà essayé d'appeler plusieurs fois, mais le portable est coupé.

Éric me propose de parler au frère d'Idriss. J'accepte. Il nous donne rendez-vous près de chez lui. Nous nous y rendons tous les trois.

Marwan est l'aîné d'Idriss. Les deux frères n'ont jamais été proches. Marwan a toujours moqué la conversion de son petit frère, s'est irrité de ses leçons de morale, de son intransigeance. Quand le plus jeune s'est radicalisé, les relations se sont vraiment tendues. Et Marwan ne lui pardonne pas ce qu'il a fait à sa famille. Non seulement leurs parents sont dévastés, mais une des jeunes sœurs, influencée, a tenté l'aventure à son tour et est actuellement en prison en Turquie, avec son petit ami.

176

On s'installe au café de la cité et Marwan avoue tout de suite être l'auteur du message que j'ai reçu la veille du départ de Sophie. Je suis fou de rage :

« Mais pourquoi tu n'as pas signé ? Pourquoi tu ne m'as pas appelé ?

— On se connaît pas. Et j'étais pas sûr de moi. C'était des suppositions. C'est juste que ta femme, je l'ai vue changer. Elle était tout le temps sur Viber avec mon frangin. Ça lui est monté à la tête. »

C'est vrai que Sophie était tout le temps sur son téléphone, ces derniers temps. Il vibrait en permanence. Elle était rarement à la maison mais même quand elle était présente, sa tête était ailleurs. Maintenant, je sais où.

« Tu sais, c'est ça qu'ils veulent, ceux qui partent. En faire venir d'autres. Pour pas rester tout seuls là-bas comme des connards.

— Et tu penses vraiment que Sophie est en Syrie ?

— J'en suis pas sûr, mais je crois que oui. En tout cas, qu'elle est en route. Je suis désolé, mec. Mon frère est devenu fou. Il sème la désolation autour de lui. »

Je suis revenu seul à la maison. J'étais comme un automate. J'ai d'abord appelé le numéro vert consacré par le gouvernement à la radicalisation djihadiste. Mais la permanence fermait à 17 heures, il était trop tard. J'ai fait quelques recherches sur Internet et je suis tombé sur le site www.stop-djihadisme.gouv.fr. J'ai regardé un clip naïf qui ne m'a pas paru très convaincant, contemplé un moment la documentation à l'esthétique plaquette de sécurité dans les avions, en essayant de voir si j'y reconnaissais ma femme. Les signaux d'alerte répertoriés étaient les suivants : « Évitait-elle ses anciens amis, qu'elle considérait désormais comme impurs ? » Évidemment, Sophie n'avait jamais, en tout cas devant moi, employé un tel vocabulaire. Mais il est vrai qu'on sortait moins. Elle fréquentait des gens de son côté, et je venais d'apprendre que j'ignorais beaucoup de ce qu'elle faisait. « Rejetait-elle les membres de sa famille ? » Là, j'ai été obligé de reconnaître qu'on les voyait beaucoup moins qu'avant. Ça ne m'avait pas gêné, j'avais plutôt eu l'impression que enfin, Sophie prenait son indépendance. Je ne m'en étais donc pas plaint. Mais cela avait peut-être d'autres causes. « Avait-elle changé ses habitudes alimentaires ? » C'était le cas, elle ne mangeait plus de jambon. Mais elle continuait pourtant d'en acheter et d'en cuisiner pour Hugo. Elle était devenue musulmane, je ne l'ignorais pas, et elle essayait de trouver sa façon de pratiquer. Mais ça ne me paraissait pas être le comportement d'une fanatique. J'ai poursuivi ma lecture. « Votre proche a-t-il abandonné l'école ou une formation ? » Là, j'ai tiqué. Elle avait bien démissionné, en secret. L'inquiétude a monté d'un cran. J'ai parcouru rapidement le reste des questions : Sophie n'avait pas cessé d'écouter de la musique, mais elle avait cessé d'enseigner et de pratiquer la zumba. Une dispute qu'elle avait eue avec Idriss, il y a quelques mois, et qu'elle m'avait racontée, m'est revenue. Idriss s'était insurgé contre ces filles qui bougeaient leur popotin dans la salle de danse de la maison de quartier. Il avait voulu interdire à sa sœur d'y aller. L'histoire ne m'avait pas passionné : des jeunes puceaux qui se mettaient en tête de domestiquer les filles, ce n'était pas neuf, que ce soit dans les cités ou ailleurs. Maintenant j'y repensais, incrédule. Si elle était vraiment partie en Syrie, rejoindre Daech, ses convictions avaient radicalement changé en quelques mois à peine. Ça me semblait complètement impensable. Les signaux suivants concernaient la tenue vestimentaire, qui avait peu évolué, les opinions politiques – elle n'en avait jamais proféré d'aucune sorte, et la fréquentation des sites Internet de propagande islamiste – évidemment, ça aurait été un signe, mais je n'avais aucune idée des sites qu'elle fréquentait. Sur neuf symptômes répertoriés, je considérais qu'elle en présentait trois et demi. J'ai croisé les doigts. Peut-être que ce n'était pas ça, l'explication. Peut-être qu'on était tous en train de se faire un film. J'ai encore une fois tenté de joindre son portable mais, tombant à nouveau sur la messagerie, je me suis résolu à cliquer sur la petite icône du site Internet : « Vous souhaitez signaler une situation inquiétante. » J'ai rempli un formulaire, renseigné nos coordonnées et rédigé un petit texte résumant mes inquiétudes. Dans la rubrique « lien avec la personne signalée » j'ai dû cliquer sur « autre » car les choix proposés étaient père/mère ou frère/sœur. J'ai signalé que je souhaitais être rappelé.

Je n'ai jamais eu de leurs nouvelles.

Ensuite, j'ai remis mon blouson et je me suis rendu au commissariat.

« Je viens déclarer une disparition inquiétante. Il s'agit de ma femme. »

Le flic de garde a échangé un regard légèrement ironique avec son collègue.

« Votre femme a disparu ?

— Oui, avec notre fils de quatre ans. »

Le type s'est un peu redressé et a accepté de prendre les choses au sérieux. Il était 2 heures du matin.

J'ai résumé la situation. Quand j'ai précisé que Sophie était née au Cameroun, les flics ont échangé un nouveau regard, du style « Et voilà, tout s'explique, il n'avait qu'à choisir correctement sa femme ». J'ai pris sur moi pour ne pas m'énerver, je n'allais pas réformer la police nationale dans la nuit. Les agents m'ont posé une succession de questions en suivant scrupuleusement une grille type. Beaucoup des questions étaient les mêmes que sur le site. J'ai répondu avec soin, en tentant de ne rien cacher mais de ne rien aggraver non plus. Je n'étais pas certain, encore, de ne pas être tout simplement en train de tout inventer. Mais quand je leur ai dit que ma femme avait vidé le livret d'épargne de notre fils pour financer ce séjour en Turquie, le policier a tiqué.

« Il y avait combien ?

— Il y avait 1 300 euros sur ce compte. »

Il a eu l'air consterné par ma stupidité. Comment leur expliquer qu'elle allait mal ? Que ce voyage humanitaire m'était apparu à la fois comme une solution pour elle, dont le mal-être gâchait l'existence depuis si longtemps, et pour nous, qui étions au bord de la rupture ? J'ai laissé filé. Je suis reparti à 5 heures du matin et suis rentré chez moi pour dormir. Quelques heures plus tard, le commissariat m'a rappelé. L'unité mobile de nuit avait fait les transmissions et les flics de jour me demandaient de repasser dans la matinée. J'y suis retourné immédiatement et on m'a de nouveau interrogé. Eux connaissaient Idriss, Mohammed et Souleymane et leurs questions étaient plus pertinentes et plus personnelles que celles de la nuit. Ils étaient accompagnés d'un homme qui s'est présenté comme un agent des renseignements généraux. Il s'est contenté d'écouter et de prendre note.

« Est-ce que je dois porter plainte ?

— Non, pas la peine. En plus, vous aurez l'air un peu de l'idiot qui s'est fait avoir, c'est vous qui l'avez conduite à l'aéroport quand même. »

En effet...

Dans l'après-midi, mon téléphone s'est mis à sonner et ça n'a plus arrêté. Un article était paru sur le site du *Parisien* et avait été repris par tous les sites souverainistes et d'extrême droite. Je soupçonne les flics de permanence d'avoir vendu la mèche à un journaliste. Le titre du papier avait alerté sa famille, la mienne, mon ex-femme mise au courant par nos filles, nos amis... Tout le monde avait vu ou lu quelque chose et venait aux nouvelles. Les commentaires en ligne étaient édifiants. Dans l'ensemble, on proposait de renvoyer Sophie dans son pays et d'interdire l'islam en France... J'ai été obligé de répondre, à tous, que Hugo et Sophie étaient partis en Turquie et que je n'avais plus de nouvelles depuis deux jours maintenant. La sœur de Sophie a éclaté en bruyants sanglots. Mes parents, retraités dans les Vosges, ont raccroché dans un silence douloureux. Tout le monde me posait, encore et encore, les mêmes questions. Je n'avais aucune réponse à leur apporter. Pour les rassurer, je disais : « Vous savez, nos services de renseignement ont les moyens d'implanter une caméra dans le cul d'un chameau au milieu d'un désert irakien pour faire sauter une cible. Vous pensez bien qu'ils vont les retrouver vite fait. Ne vous faites pas de souci. »

Mais je me trompais. Les services avaient apparemment mieux à faire que m'aider à retrouver ma femme et mon fils. Et je doute désormais qu'ils soient capables d'implanter quoi que ce soit où que ce soit.

Dans l'après-midi, le commissariat m'a demandé de revenir. Finalement, pour accélérer les procédures, il valait mieux que je porte plainte. « Mais si elle revient, je pourrai retirer ma plainte ? – Bien sûr, monsieur. » Ils se sont bien gardés de m'expliquer que le retrait d'une plainte n'entraîne pas l'arrêt des poursuites. La décision revient au procureur et en matière de soustraction d'enfant, il n'est que rarement porté à la clémence. Mais je ne le savais pas. J'ai donc déposé plainte contre ma femme pour soustraction de mineur par ascendant.

Le lendemain, j'ai appelé ma hiérarchie et je me suis mis en congé maladie. Il a fallu que j'explique ce qui s'était passé. Prononcer ces mots : « Ma femme est partie pour la Syrie avec notre fils de quatre ans » m'a coûté plus que tout ce que j'avais eu à faire aupa-ravant. Je voyais la commisération dans le regard des gens, et je devinais les questions qu'ils n'osaient pas toujours poser à haute voix : Comment avais-je pu laisser faire ça ? Comment avais-je pu ne me douter de rien ? Je les comprenais. J'aurais sûrement pensé la même chose à leur place.

Dans la foulée, j'ai contacté l'école de Hugo pour expliquer son absence. Ils ont été une d'une grande gentillesse, qui m'a bouleversé. « Vous passerez cher-cher ses petits travaux ? » m'a demandé l'institutrice.

Christophe, le neveu de Sophie, le fils aîné d'Alice, est venu m'aider dès qu'il a été mis au courant. Ensemble, dans mon salon si bien arrangé, rutilant de propreté, on passe des coups de téléphone et on envoie des e-mails à tous les gens auxquels on peut penser : le Quai d'Orsay, l'ambassade de France en Turquie, l'antenne consulaire de la ville la plus proche de la frontière syrienne, à tout hasard. Si seulement ils pouvaient les arrêter avant qu'ils passent ! Je surfe sur Internet, visite les profils Facebook des personnes concernées. Ceux des trois garçons sont édifiants. D'abord classiques, émaillés de plaisanteries dou-teuses et de selfies avantageux, leurs murs changent petit à petit et se couvrent de sourates, en français, puis en arabe. Des sourates, il y en a pour tous les goûts. Ils répondent à tout et n'importe quoi en en tirant une de leur chapeau. Puis leurs interventions se raréfient. Leurs profils sont inactifs depuis leur départ pour la Syrie. Mais en procédant par recoupements, je trouve le profil qu'Idriss a ouvert sous un autre nom et là, le ton n'a plus rien à voir. C'est un prêche enflammé contre l'Occident émaillé d'âneries politiques et de photos de propagande. Le tout me glace le sang. Qu'est-ce que Sophie a bien pu aller faire là-dedans ?

Avec Christophe, j'écris des courriers à Hollande, Cazeneuve, dont les services me retournent des lettres types. Je téléphone aussi à tous les anciens collègues de Sophie. Pour apprendre, encore et encore, qu'elle a bien changé et qu'elle m'a beaucoup menti.

La nuit, incapable de dormir, je regarde la télévision en fumant comme un pompier.

Ma première bonne touche me vient de Benjamin, un ami avec qui j'ai été pion et qui travaille maintenant dans les médias. Il me met en contact avec Dounia Bouzar, une spécialiste de la radicalisation islamiste. Anthropologue et sociologue, musulmane, elle est de tous les combats contre l'embrigadement. Je la contacte immédiatement : cela fait neuf jours que je suis sans nouvelles de ma femme et de mon fils.

« Vous avez raison, ça ne sert à rien de se mentir : elle est probablement en route pour la Syrie. »

Sa franchise me fait du bien. Elle poursuit :

« Elle vous recontactera. C'est à ce moment-là que tout va se jouer. Surtout, ne lui faites pas de reproches. Il ne faudra ni l'accabler ni la raisonner. Ça ne marcherait pas et ça ne servirait qu'à la repousser. Essayez de voir les choses comme ça : une inconnue a pris la place de la femme que vous connaissez et que vous aimez. Il va falloir la faire revivre. Abreuvez-la de souvenirs, rappelez-lui votre intimité, votre bonheur. Dites-vous bien une chose : elle a tout oublié mais c'est là, pas si loin sous la surface. Vous pouvez essayer le mysticisme aussi. Il faut parler son langage.

— Alors là, ça va être difficile. Elle me connaît bien quand même, et on ne fait pas plus cartésien que moi. Elle ne me croirait pas.

— Essayez quand même, trouvez un moyen. Ce n'est plus le langage de la raison qu'elle parle, mais celui des sentiments et de l'exaltation religieuse.

— Mais je ne comprends pas. Elle les appelait "les fous". Elle disait que ce n'était pas ça, l'islam véritable. Elle avait sévèrement critiqué les garçons qu'elle connaissait pour leur départ. "Ils brisent le cœur de leur famille", voilà ce qu'elle m'avait dit. Je ne comprends pas.

— Il faut vous faire à cette idée : elle a changé. Durant les mois qui ont précédé son départ, elle tenait sans doute un double, voire un triple langage. C'est comme dans un film d'espionnage : elle a tout fait pour qu'on ne la soupçonne pas. Elle a menti. Il va vous falloir du courage. »

On ne peut pas dire que ce soit encourageant mais au moins, il y a un plan. Aussitôt, je m'assieds à mon ordinateur et rédige un e-mail à Sophie. À partir de cet instant, je vais écrire plusieurs fois par jour. Je lui envoie des photos de notre mariage, des images de Hugo dans ses bras, la photo de son test de grossesse. Je lui parle d'amour, du manque, du vide. Au début, j'ai du mal à trouver mes mots : j'ai envie de hurler, de l'engueuler, de lui ordonner de revenir. Voici ce que j'ai envie d'écrire : « Espèce de folle, ramène Hugo immédiatement, pour l'amour du ciel ! » Mais j'écris tout autre chose. Et curieusement, alors que j'écris d'abord pour raviver sa flamme, son cœur, pour la ramener à la raison, c'est chez moi que je vais provoquer un bouleversement profond. Je redécouvre, moi aussi, ces témoignages de notre grand amour. Je revis nos moments heureux, notre complicité. Tout ce qui était en train de s'effacer, durant les derniers temps et que j'oubliais moi aussi. Bref, alors que j'essaie de la manipuler, je retombe amoureux de ma femme.

Mais les jours passent et c'est toujours le silence. J'ai l'impression de devenir fou. Je fuis désormais ma famille, j'évite tous ceux avec qui les choses risquent de devenir émotionnelles. Je ne peux tout simplement plus supporter les questions et les larmes des autres. Je réduis mon entourage à ceux qui peuvent m'aider, qui sont dans l'action, comme moi. Chaque jour apporte une nouvelle déception. Chaque jour, l'inquiétude croît.

Je ne mets plus les pieds dans la chambre, je m'y sens trop malheureux. J'ai traîné un sac de couchage sur le canapé du salon et je passe mes nuits à regarder, hébété, des émissions de tatouage sur les chaînes du câble. Pour une raison ou une autre, ça m'apaise et ça

186

me permet d'oublier. Sur la table du salon j'ai posé les dessins de Hugo que j'ai fini par aller chercher. Entrer dans sa classe m'a crevé le cœur. Les petits étaient en train de mettre leurs anoraks, ceux qui restaient au goûter s'éloignaient vers la cour, c'était l'heure des parents. Il y avait le meilleur ami de Hugo, dont la mère me regardait en souriant tristement. La maîtresse m'a préparé un grand sac que j'ai rapporté à la maison.

Le dixième jour, je reçois un premier message. Plutôt lapidaire, il m'informe juste que Sophie et Hugo vont bien. Elle a commencé à travailler à l'orphelinat, en Turquie, me dit-elle. Elle m'embrasse.

Électrisé, je m'accroche aux conseils de Dounia. Je réponds qu'ils me manquent, Hugo et elle, que l'appartement est bien vide. Je lui envoie une photo d'elle enceinte. J'ai fini de réarranger le salon. Comment se passent les choses pour eux ? Je lui dis des mots d'amour, des mots tendres.

« Je ne savais pas que tu m'aimais encore. » C'est sa réponse, simple et désolante. « Je t'aime tant. Est-ce que tu ne veux pas rentrer ?

— Tu sais, cette photo, je ne m'en souvenais plus. » Je comprends qu'elle est perdue. Je sens sa détresse, son inquiétude. J'insiste pour qu'ils rentrent. « Ne t'inquiète pas, je vais revenir. » Elle me rassure en me disant que Hugo est toujours avec elle.

Je suis infiniment soulagé de la savoir en Turquie. Il faut à tout prix que j'arrive à l'arrêter avant qu'elle passe la frontière. Je me dis que si elle ne l'a toujours pas fait, en dix jours, c'est peut-être qu'elle hésite. Je

lui écris que j'aimerais bien voir où ils sont, me représenter les lieux. Elle promet de m'envoyer des photos.
En attendant, elle me transfère un enregistrement
de la voix de Hugo qui me dit : « Je t'aime papa, tu
me manques beaucoup, tu es mon meilleur ami. »
Je l'écoute en pleurant sur le canapé, les jambes
coupées.

Peu de temps après, je reçois une photo d'elle et de
Hugo, cadrée plutôt serré. Mais, avec Christophe,
nous parvenons à l'agrandir suffisamment pour isoler
l'arrière-plan. Grâce à Google Earth, je pense pouvoir
dire qu'ils sont dans la région de Sanliurfa, en Turquie,
tout près de la frontière syrienne. C'est une belle ville,
le carrefour de toutes les religions et de tous les trafics.
Enthousiastes, nous recontactons l'ambassade en
Turquie pour essayer de faire valider notre intuition. Je
leur faxe l'image. Un de nos interlocuteurs pense en
effet reconnaître le barrage Atatürk sur l'Euphrate.

J'aimerais partir immédiatement. Je m'imagine
débarquer en ville, les chercher, sillonner les rues avec
à la main leur petite photo. Je retournerais la région
jusqu'à les retrouver. Mais tout le monde me le décon-
seille. Ma famille, pour des raisons de sécurité que je
ne suis pas prêt à entendre. Mais la DGSI ainsi que
Dounia Bouzar m'expliquent que ma présence pourrait
déclencher des réactions en chaîne. Cette région de
Turquie n'est pas sécurisée. Un Français se baladant
dans Sanliurfa en posant des questions sur les djihadistes attirerait forcément l'attention. Si Sophie est bien
là, ses contacts sur place pourraient décider de lui

faire passer la frontière plus rapidement. Ce pourrait être dangereux pour elle, pour moi, pour Hugo. La zone de la frontière est littéralement infestée de soutiens du groupe État islamique, d'agents en planque, qui cherchent à repérer les adversaires de l'EI et en particulier les membres de l'armée syrienne libre. Les assassinats ciblés sont légion.

Deux semaines passent ainsi, où je lui écris tous les jours. Le manque est intolérable. Les communications sont difficiles, lorsqu'elle parvient à m'appeler, nous ne pouvons parler que quelques minutes avant que ça coupe, et son portable à elle ne répond jamais. Elle m'envoie des petits e-mails, parfois une photo de Hugo. Elle me parle de son travail à l'orphelinat mais elle ne répond à aucune question précise. Je la sens réticente, fuyante. J'ai peur qu'elle disparaisse totalement des radars. Je ne sais pas si elle me dit la vérité. Je ne sais que croire. Mais elle promet qu'elle va rentrer. Je m'y accroche.

Le 16 mars, je reçois son dernier message. Ensuite, plus rien. De nouveau, c'est le silence. Trois jours d'un silence intolérable.

Le 19, je reçois un message anonyme : « Oubliez votre femme et votre fils, ils sont dans l'État islamique et ils ne reviendront pas. »

Là, je deviens fou. La Syrie ? Daech ? Je ne les reverrai jamais. À moins que ce soit une connerie encore, de l'intox ? Comment savoir ? Je me torture.

Par le biais d'un ami d'enfance entré dans la police, je mets la main sur le numéro du standard de la DGSI et j'entreprends de les harceler. « Une femme française, un enfant ! Il faut m'aider ! Ils sont peut-être retenus prisonniers. »

À l'autre bout du fil, un homme pousse un profond soupir et me fait une réponse sans équivoque : « Vous allez arrêter de nous emmerder, cher monsieur, et nous laisser travailler. » Mais qui va pouvoir m'aider ? Est-il possible qu'on les laisse s'évaporer comme ça ?

Enfin, Sophie me rappelle. Je reconnais à peine sa voix. Elle chuchote, fébrile, elle parle à toute vitesse. « Calme-toi, parle plus fort. Je ne comprends rien. » Elle m'explique qu'elle a besoin de certificats médicaux qui imposeraient un rapatriement sanitaire en France. Aussitôt, j'appelle un médecin à qui j'explique toute l'histoire. Il rédige un certificat que je scanne et envoie sur la messagerie de Sophie. De nouveau, plus de nouvelles. Je n'ai rien compris à cette histoire de certificat.

Le 23 mars, Dounia Bouzar m'invite à une conférence qu'elle organise sur le thème du départ des jeunes Français pour la Syrie, porte de Pantin. Alors que j'entre dans l'auditorium, mon portable sonne. Je décroche immédiatement (je vis sous perfusion, mon téléphone est greffé au bout de ma main). Je me précipite hors de la salle et je réponds. La voix de Sophie est haletante. « On est à Rakka. Aide-nous… ils ne me laissent pas partir. » Et la communication s'interrompt.

C'est comme une explosion sous mon crâne. J'ai enfin la confirmation de ce que je craignais : ils sont en Syrie. Maintenant, je sais où. Ils sont vivants. C'est positif. Ils sont retenus. Ça l'est moins. Par qui ? Comment ? Où ? Elle n'a rien eu le temps de dire. Qu'est-ce que j'ai senti dans sa voix ? Du soulagement, le soulagement de tomber sur moi, que je décroche. Une grande fatigue aussi. Et, curieusement, une sorte de calme. Elle parlait vite, parce que les communications sont mauvaises et qu'un coup de fil est susceptible de s'interrompre à tout instant. Mais elle était calme.

Les gens vont et viennent autour de moi. Dans la grande salle, le séminaire suit son cours. Je regarde les visages dans l'assistance. Des familles blanches principalement, des petits Français comme moi dont il n'est pas difficile de deviner le drame. Une sœur, un frère, un fils. Ils ont tous perdu un proche inexplicablement devenu fou et parti porter la mort et la destruction pour le compte d'une organisation terroriste. Sur tous ces visages soucieux et attentifs je lis la même chose : l'incrédulité.

Dès que Dounia descend de l'estrade je me précipite vers elle et je lui raconte le coup de fil reçu à l'instant. Elle me présente un des participants, du ministère de l'Intérieur. Je lui explique tout. Il me donne quelques conseils. Mais tous, quand je prononce le nom de Rakka, ont le regard fuyant. Je sais ce qu'ils pensent. Je ne reverrai ni ma femme ni mon fils.

Je fais savoir à notre famille que Sophie et Hugo sont en Syrie. Tout le monde est sidéré. Chez la sœur de Sophie, le remède s'appelle prière. Ma belle-sœur chante, allume des bougies et cherche le soutien des siens au sein de l'Église. Elle a de la chance, mais ça ne fait pas revenir Sophie.

Je continue d'écrire, en espérant qu'elle reçoive mes e-mails. Je veux qu'elle sache que je pense à eux et que je me démène.

Je reçois un message où elle me dit qu'elle et Hugo vont bien, que personne ne les maltraite. Elle attend le moment de fuir.

Fuir ? Je les imagine dans Rakka dont je ne sais rien, dont je n'ai vu que des images terrifiantes. Ils n'auraient aucune chance.

À nouveau, je décide d'aller la chercher. Je pourrais me faire passer pour un converti moi aussi. Il suffirait que j'apprenne quelques sourates, des mots d'arabe, que je me fasse pousser les cheveux et la barbe. Évidemment, si on venait à soupçonner mon dessein, ce pourrait être dangereux, pour elle et pour moi. Je fantasme que je la sauve. Je suis désespéré. Le silence est insoutenable.

Tous les jours, je rappelle mes interlocuteurs. Mon contact aux renseignements qui m'avait impressionné la première fois me paraît désormais dépassé. Je connais mieux que lui la situation sur place ainsi que le dossier. Je ne vois pas comment il pourrait m'aider. Les flics, n'en parlons pas. La DGSI, c'est un territoire mutique et opaque. Dans les ministères, des beaux mots, et rien d'autre. J'ai l'impression de hurler dans le vide.

Au fond, personne n'a envie d'aller récupérer une présumée terroriste partie faire le djihad de son plein gré. Même quand j'explique que c'est comme si elle s'était fait manipuler par une secte – car ce n'est rien d'autre que ça, cet islam radical, une secte puissante de fanatiques. Comment peut-on parler de libre arbitre quand elle s'est fait laver le cerveau par des techniques de propagande efficaces et maintes fois mises à l'épreuve ?

Si je parviens à éveiller un minimum d'intérêt, avec mon histoire, c'est parce qu'il y a un enfant en jeu. Sans cela, personne ne me répondrait et Sophie serait perdue.

Le 10 avril, elle m'envoie un message sur Whatsapp. Elle donne des nouvelles de sa santé : elle a été opérée d'un kyste ovarien mais visiblement, ça ne s'est pas bien passé. Une petite hémorragie s'est déclarée, elle avait du sang dans l'estomac, ils l'ont réopérée. Elle est hospitalisée.

Aucune nouvelle de Hugo. Où est-il tandis qu'elle est à l'hôpital ? Je suis terrifié. Sophie va mourir, ils vont me prendre mon fils.

Pendant treize jours, de nouveau, je n'ai plus de nouvelles.

Rien. Je continue d'écrire et d'appeler. Je tourne en rond des nuits entières, dévoré par l'insomnie. J'allume chaque cigarette avec le mégot de la précédente. Je ne vis plus. Je ne prends plus les appels de mes parents : leurs questions angoissées, écho des miennes, me rendent fou. Les larves du protozoaire ont une existence plus enrichissante que la mienne. J'alterne entre des phases d'espoir fou, d'exaltation intense, où je suis convaincu que quelque chose va arriver, qu'ils vont rentrer, que quelqu'un va m'aider, et des moments de découragement si brutaux que j'ai l'impression que mon esprit chavire. La folie me guette.

Je m'interroge, des heures durant, hagard de culpabilité. Je déroule le fil à l'envers, encore et encore. Avec qui ai-je vécu ? La connaissais-je si mal ? Elle m'a tellement menti. Quand je repense aux signaux qui auraient dû m'alerter, j'ai envie de hurler. Notre mésentente, l'éloignement grandissant entre nous, m'ont aveuglé. Comme ça se passait mal, que j'avais envie d'air moi aussi, je ne me suis pas battu contre sa disparition progressive. Je l'ai même, peut-être pas encouragée, mais accompagnée. Elle rentrait le plus tard possible du boulot ? Tant mieux, j'étais tranquille à la maison avec Hugo et une fois qu'il était couché, je pouvais fumer tranquillement sur le balcon. Je prends conscience que nous n'étions plus un couple. Entre nous, la confiance avait disparu.

L'habileté avec laquelle elle m'a manœuvré, pour me convaincre de la laisser partir, me laisse pantelant et fou de rage. « Comment as-tu pu la laisser emmener Hugo ? » m'a demandé cent fois ma mère. Sa question est comme un coup de gourdin. C'est vrai pourtant, je ne comprends pas comment j'ai pu la laisser partir avec notre fils de quatre ans sans savoir exactement où elle l'emmenait. Pas d'adresse. Un projet flou. Fumeux même. J'ai honte. Elle a joué sur mes faiblesses, sur ma fatigue aussi. Depuis que sa pratique religieuse était devenue plus intense, et surtout depuis qu'elle s'était impliquée à ce point dans la vie de quelques familles qu'elle suivait, elle s'était détournée petit à petit de nous.

Je me torture au point de grincer des dents. Je repense au message m'avertissant du départ prochain de Sophie. Pourquoi n'ai-je pas appelé Éric pour lui en parler ? Le pseudonyme de mon interlocuteur m'avait fait penser à lui (Jimmy Hendricks, et le surnom de Éric est Dricks). Et puis la forme du message désignait un jeune de la maison de quartier : orthographe défaillante, syntaxe grammaticale confuse, emploi des majuscules, mais aisance à créer une fausse identité et une adresse mail qui n'aura été utilisée qu'une fois. Ça sentait le petit jeune. Je m'étais dit que je devrais lui poser la question.

Si je l'avais appelé, j'aurais appris qu'elle avait démissionné sans m'en parler. Elle aurait été démasquée, ses projets balayés, et Hugo serait resté auprès de moi. C'est à croire que j'ai dormi pendant des mois.

Je suis dévasté.

Et pourtant, je continue de lui écrire, de rappeler à sa mémoire les jours heureux, de les ressusciter en moi aussi. Quand je m'adresse à elle, je dois taire ma haine et ma colère et, étrangement, c'est comme si elles cessaient alors d'exister. Je suis absolument sincère quand j'applique la technique conseillée par Dounia Bouzar. Peut-être même encore plus sincère que si je me laissais aller à la colère. J'imagine que c'est peut-être ce qu'elle a ressenti elle aussi, les derniers mois, quand elle cloisonnait étroitement les différents univers de son existence. Elle était peut-être, à sa façon, sincère dans chacun d'eux. Sincère encore quand elle m'envoyait des photos de Hugo dans l'avion, quand elle me disait à bientôt...

Un matin, je me suis posté devant la fenêtre de notre cuisine et j'ai regardé les choses en face. « Ils sont morts. Je ne les reverrai jamais. Hugo et Sophie sont morts. C'est terminé. »

Et c'est ce soir-là que mon portable a sonné. Ils étaient vivants. En danger mais vivants.

17

Cellule de crise

Mon sang ne fait qu'un tour.

« Comment va Hugo ?

— Il va bien. Il est avec les enfants de la dame, il joue.

— Ton téléphone capte, là ?

— Oui, on capte le signal du cybercafé.

— Ne bouge pas alors. Je te rappelle. »

Je raccroche et passe un premier coup de téléphone, vers le portable de mon correspondant au Quai d'Orsay. Je lui expose la situation. Il prend note, me dit-il. Ma femme est en fuite en plein Rakka et il prend note. Bien. On n'est pas tiré d'affaire. Je suis encore dans la rue. Je ramasse ma pizza posée sur un rebord d'immeuble puis je marche rapidement vers la maison en appelant l'officier des renseignements. Lui aussi prend note. Arrivé chez nous, je compose le numéro de téléphone de Benjamin, l'ami qui m'a mis en contact avec Dounia Bouzar. Il répond à la première sonnerie.

« Sophie et Hugo se sont enfuis. Ils ont été recueillis par une famille, mais ils ne peuvent rester là qu'une journée. La voie officielle ne servira à rien. Il faut qu'on les fasse exfiltrer. »

C'est une chose que nous avons déjà évoquée ensemble. Il m'a parlé du fils d'un de ses collègues, un certain Anton, qui a vécu en Syrie avant la révolution. Ce jeune activiste a des contacts dans l'armée syrienne libre qu'il soutient depuis la France.

« J'appelle Anton », me dit Benjamin.

Je me mets à prier que Anton réponde, qu'il nous aide. J'imagine un barbouze, un genre de Bob Denard qui n'aurait peur de rien, baroudeur et sécurisant. Benjamin me rappelle.

« J'ai eu Anton. Il est avec son ami syrien, Majid. Ils peuvent organiser une extraction mais d'habitude, ça prend plus de temps. La branche clandestine de l'armée syrienne libre à Rakka effectue des vérifications, pour s'assurer qu'il ne s'agit pas d'un piège destiné à les démasquer. Ça arrive souvent, paraît-il. Il faudrait que Sophie puisse rester au moins deux jours là où elle est.

— Je crois que ça ne sera pas possible. La famille a peur.

— Donne-moi son numéro, ils vont essayer de la joindre. Julien, c'est maintenant que tout va se jouer. Si elle n'arrive pas à convaincre Majid de sa sincérité, j'ai peur que ce soit foutu. Sais-tu comment elle a réussi à fuir ? Ils ont l'air soucieux à cause de ça aussi.

— Je ne sais rien. Mais il faut l'aider.

— On va essayer. Et il y a autre chose...

— Quoi ?

— L'ASL demande de l'argent pour organiser l'extraction.

— Beaucoup ?

— 30 000 euros.

Je reste sans voix. La somme est énorme.

— L'opération est compliquée à monter, encore plus compliquée que d'habitude, pour eux. D'abord, Sophie est noire. Ça la rend facilement identifiable. Et puis l'urgence... Il va falloir qu'ils corrompent des gens. Tout ça a un coût.

Je déglutis.

— Et combien de temps j'ai pour payer ?

— Ils travailleront pas à crédit. Il faut qu'on réunisse l'argent avant qu'ils lancent l'opération.

— Mais je... Je ne trouverai jamais 30 000 euros en 24 heures. »

Je suis instituteur, mon compte avoisine les 0 en fin de mois, nous n'avons pas d'économies. Le peu que nous avions était placé sur un livret d'épargne pour Hugo, constitué petit à petit depuis sa naissance, que Sophie a vidé en partant.

« Il faut essayer. On va t'aider. On y arrivera. »

Pendant qu'Anton et Majid se mettent en contact avec Sophie, je me mets en quête de l'argent. Je contacte mes parents. Terrifiés, ils sont dans l'incompréhension absolue.

« C'est une rançon ? Alors on ne donnera rien avant d'avoir vu le petit. Sinon, comment être sûrs qu'ils nous les ramènent ? »

J'essaie de leur expliquer que ce n'est pas une rançon mais que cet argent est à la fois destiné à financer les opérations, qui seront forcément coûteuses, et à renflouer le combat de l'ASL. Mais moi-même je ne suis sûr de rien. Je ne connais ni cet Anton ni Majid, je ne sais rien de ce qui se passe sur le terrain, à part ce qu'on en lit dans les journaux. Mes parents ont raison, c'est peut-être un piège, peut-être qu'on va se faire plumer. Mais c'est notre seule chance. La première lueur d'espoir depuis des semaines. Je suis prêt à courir le risque. Avec réticence, mon père me remet le petit pécule qu'ils ont constitué pour leur retraite. J'emprunte encore quelques centaines d'euros à des collègues qui sont au courant. J'ai envie de me cogner la tête contre les murs : je n'ai réuni que 4 000 euros sur les 30 000 demandés. Des idées plus ou moins folles me traversent la tête : braquer une banque ? Vendre nos meubles ? Faire un emprunt ? Mais rien n'irait assez vite.

Le lendemain soir, j'ai rendez-vous dans le sud de Paris, dans la maison qui va abriter notre cellule de crise. Je frappe. Un jeune homme, âgé d'une vingtaine d'années, maigre et souriant, m'ouvre la porte. Il se présente.

« Julien ? Je suis Anton. »

Je suis interloqué. Anton ? Mon sauveur ? Il a l'air d'un étudiant, pas d'un barbouze.

« Tu ne t'attendais pas à ça ? »

Je balbutie :

« Anton ! Comment te remercier ? Non, je ne m'attendais pas à quelqu'un comme toi. Mais tu as ma reconnaissance éternelle. »

On entre. Majid a le même âge. C'est un étudiant en journalisme qui s'est réfugié en France. Lui non plus n'a pas le profil d'un Rambo. Mais ils sont là, impliqués, courageux. Les seuls à avoir accepté de nous venir en aide.

Majid me dit : « On va l'aider, ta femme. Je lui ai parlé, et je l'ai crue. Elle m'a dit "Help me". Elle ne mentait pas. J'ai convaincu mes contacts sur place que c'était pas un piège. Ils vont la tirer de là. »

Puis Benjamin arrive, l'air victorieux, un sac de sport à la main.

« Mon vieux, j'ai fait une de ces collectes ! »

Nous nous installons dans la cuisine et il renverse sur la table l'argent qu'il a réussi à réunir en quelques heures auprès de ses relations professionnelles. J'y ajoute mes 4 000 euros, dont une partie en billets de 20 et de 50, les contributions de mes amis. Nous nous asseyons tous autour de la table, Anton et Majid dont les portables vibrent toutes les cinq minutes, Benjamin et moi, et nous nous répartissons les sommes. Je regarde avec émotion notre assemblée hétéroclite réunie autour d'un but commun et je trouve qu'on a des airs de comploteurs, de trafiquants de drogue ou de braqueurs de banque en train de recompter leur cash. Il y a des billets de toutes les tailles et même des pièces, des enveloppes sur lesquelles les gens ont mis leur nom. On compte, on recompte. Si seulement on y parvenait...

Mais nous arrivons à 28 000 euros. C'est énorme. Pourtant ce n'est pas assez.

À cet instant, mon portable sonne. C'est mon petit frère. « Julien, tiens-toi bien, j'ai une bonne nouvelle. » Son beau-frère, entrepreneur dans le bâtiment, était à un repas d'affaires quand il a été mis au courant de l'appel au secours de Sophie. Il l'a raconté à ses confrères et, aussitôt, ils ont tous mis la main à la poche : mon frère m'apporte 12 000 euros dans la soirée, rassemblés en un seul dîner par des gens qui ne nous connaissent même pas. Je suis bouleversé par la générosité de tous ceux qui ont accepté de se mouiller pour nous.

La somme est donc réunie, et même un peu plus. Majid donne le signal du départ à ses contacts sur place. Lui et Anton, qui parle couramment arabe, font les intermédiaires entre Sophie, toujours réfugiée dans cette famille, et les hommes en planque à Rakka.

Majid me raconte qu'il connaît le quartier où est Sophie. C'est là qu'il habitait lui-même avec ses parents avant d'être chassé par la guerre, obligé de fuir à cause de son activisme. C'est le quartier de l'intelligentsia syrienne et il fourmille désormais des gens de Daech. Dans les logements confisqués par l'État islamique vivent des brutes fanatisées venues de partout dans le monde.

« Ils ont raison d'avoir peur, dit Majid en parlant de la famille qui héberge Sophie. Ils risquent leur vie pour votre femme. Je leur ai parlé. Ils disent qu'ils ne veulent pas la chasser, mais qu'il faut qu'on agisse vite. Il y a des moudjahidine plein l'immeuble, ils peuvent vraiment se faire griller à tout instant. »

Dans cette grande maison, au milieu de tous ces gens, je vais vivre, minute par minute, l'évasion de ma femme et de mon fils à l'autre bout du monde. Impuissant et haletant. Je sais qu'elle a rendez-vous, à 19 heures, avec un homme de l'ASL devant l'hôpital des femmes.

J'attends. Je tremble.

18

L'extraction

Nous sommes assises dans le salon, toutes les deux.
L'homme que j'ai eu au téléphone m'a dit qu'il
s'appelait Majid. « Je vais vous aider », a-t-il promis.
Je l'ai cru.

Je ne sais pas qui il est. Ni même comment Julien
l'a rencontré. Je n'ai pas pensé à demander. Peu
importe. Il m'a interrogée, lui, très précisément : sur
le lieu où nous étions, sur les circonstances de notre
évasion. J'ai senti que chacun de mes mots comptait.
Sa méfiance et sa prudence sont les gages de la survie
de ses amis. Je me suis appliquée à donner tous les
renseignements possibles, à être précise. Quand je lui
ai décrit notre quartier, il a dit : « Ah, j'habitais là
avec mes parents. Avant. » Derrière ce simple mot, il
y avait une guerre et un exil. À la fin, il a promis de
me rappeler. J'attends.

Le téléphone est posé sur le canapé entre la femme
et moi. Elle attend avec autant d'angoisse que moi.

La peur flotte dans la pièce comme une odeur d'animal crevé.

Le téléphone ne sonne pas.

« S'il le faut, vous resterez ici encore un jour. Je ne vous chasserai pas », chuchote-t-elle. Je hoche la tête. Sa bonté est aussi grande que sa peur.

Ça sonne enfin. Je décroche avant même la fin de la première sonnerie. Le téléphone est ma bouée. « Allô ? Allô ? » Je reconnais la voix de Majid.

« Sophie, ils vont vous tirer d'ici. Il faut que tu retournes devant l'hôpital de Daech. Là, attends. Un homme viendra, il dira mon nom. Il faudra le suivre. »

Il parle en anglais, j'ai peur de mal comprendre, je le fais répéter plusieurs fois.

« Comment il va me reconnaître ?

— Il faudrait que Hugo ait quelque chose de visible peut-être. Comment est-il habillé ? »

Mais les vêtements de Hugo sont terriblement passe-partout. J'avise un gilet blanc d'enfant posé sur le dossier d'une chaise. Madana surprend mon regard et comprend instantanément. Elle acquiesce et me le tend.

« Il aura un gilet blanc.

— Parfait. C'est parfait.

— Mais c'est maintenant ? Je pars maintenant ?

— Oui, c'est le moment. »

Je raccroche. Pendant quelques secondes, je me mets à trembler comme une feuille. Je regarde mes mains que je ne peux plus contrôler et je me dis : « Mon Dieu, je n'y arriverai jamais ». Puis le tremblement passe, aussi soudainement qu'il est arrivé. Je me lève. Madana aussi. D'un geste impulsif, elle me prend dans ses bras et me presse fort. « Donne-moi ton numéro. Dans quelques jours, je t'appellerai pour savoir si tu as réussi à sortir. Je vais prier pour vous. » Elle ne me donne pas le sien. Si nous sommes arrêtés, cela risquerait de la trahir.

Je préviens Hugo que nous partons : « Maintenant, il va falloir être très courageux et très très sage. On part retrouver papa et des méchants veulent nous en empêcher. » Hugo tape du pied, très en colère :

« Personne peut m'empêcher de retrouver mon papa.

— Je sais. Mais pour ça il va falloir faire tout ce que je te dis. Tu comprends ? »

Il hoche la tête, gravement.

Je revêts mon niqab, Hugo enfile le gilet blanc. Il est plus de 9 heures du soir. L'obscurité se répand sur la ville. Il est tard pour qu'une femme marche seule dans la rue, j'espère les trouver vite. Madana s'est agenouillée dans l'entrée et elle pleure en embrassant Hugo. Nous nous serrons une dernière fois dans les bras.

Descendre l'escalier à la nuit tombée, dans la terreur de croiser les garçons. Mais les lieux sont déserts. Mes pas glissent sur le carrelage du grand hall. Nous voilà dans la rue. À nouveau, je me sens à la fois invisible, silhouette anonyme glissant le long des murs, et offerte aux regards : une femme seule dans la nuit.

206

Hugo marche vite malgré la fatigue. Ses petites jambes s'activent, sa main bien serrée dans la mienne. On fonce jusqu'à l'hôpital.

Il y a toujours, sur cette artère très fréquentée, une certaine agitation. Des taxis sont arrêtés un peu plus loin. Devant les marches, un petit groupe d'hommes est en pleine discussion. Je m'arrête à quelque distance d'eux et j'attends. Je regarde anxieusement autour de moi à travers mon voile. Quelques hommes ont noté ma présence. Si je reste immobile trop longtemps, ça va leur sembler louche, ils approcheront.

Comment repérer celui qui doit venir nous sauver ? Il aura l'air de n'importe qui, il aura même plus probablement l'air d'un sympathisant de l'EI. « Je suis fatigué », souffle Hugo d'une petite voix. « Chut, chut. » Il ne vient pas. Dix minutes déjà que nous attendons là. Discrètement, je regarde mon téléphone. Mais d'ici, je ne capte plus l'antenne du cybercafé. Est-ce que j'ai mal compris le lieu du rendez-vous ? Est-ce qu'il leur est arrivé quelque chose ? Du coin de l'œil, je repère qu'un des hommes se détache du petit groupe et se dirige vers nous. Aussitôt, je me remets en mouvement. La main de Hugo bien serrée dans la mienne, je repars en direction de la maison, les yeux fixés sur mon téléphone. J'attends d'entrer dans la zone du cybercafé. Ça y est, l'icône s'allume, je capte de nouveau le réseau. Immédiatement, je rappelle Majid.

« Ils ne sont pas là ! Majid, ils ne sont pas là ! Je vais me faire arrêter.

207

— Sophie, où êtes-vous ?

— On était devant l'hôpital, ils ne sont pas venus.

— Si, si, je ne comprends pas, je les ai eus en ligne, ils vous cherchent partout. Retourne au point de rendez-vous ! »

Je raccroche. « Maman, je suis fatigué. » Hugo est au bord des larmes. Je le prends dans mes bras et retourne vers l'hôpital, manquant trébucher à deux reprises sur le trottoir inégal. En arrivant en vue de l'hôpital, je constate avec soulagement que le petit groupe d'hommes qui attendait au pied des marches s'est dispersé. Nous nous réinstallons devant le bâtiment, bien visibles. La nuit est presque totale. Les hommes n'arrivent pas.

J'attends, postée au bord du trottoir. Bientôt, ma présence sera repérée. Ils ne sont pas venus. C'est raté. Le découragement est comme une vague intérieure et glacée qui s'installe en moi. Je voudrais pouvoir abandonner mais c'est impossible, j'ai Hugo avec moi. Je dois continuer.

Un motard passe qui nous dévisage avec insistance. C'est un homme de Daech. Je me résous à retourner à la maison. Je vais demander à Madana de nous reprendre, juste pour la nuit. Peut-être qu'on pourra réorganiser quelque chose demain.

Hugo toujours dans les bras, je reprends le chemin à l'envers.

« On va voir papa ? » chuchote-t-il à mon oreille. J'ai la gorge serrée. Je m'arrête au passage piéton, incapable de répondre, quand je sens une présence derrière moi. Un homme arrive. Je suis perdue.

Il s'arrête à ma hauteur et, sans tourner la tête, il souffle : « Majid.

— Oui ! *Yes !* »

Des larmes de bonheur commencent à couler de mes yeux. L'homme se tourne vers moi. Il est très jeune. Je distingue ses grands yeux noirs dans lesquels brillent – en toutes circonstances comme je l'apprendrai – un sourire. Il se penche et prend Hugo tout doucement. Hugo se laisse faire. Il pose sa tête sur l'épaule de l'inconnu, ferme les yeux et s'endort.

De sa main restée libre, l'homme prend la mienne et m'emmène.

Je suis sauvée.

Nous marchons sans échanger un mot pendant quelques rues, puis il hèle à un taxi. Je monte à l'arrière, il garde Hugo endormi dans ses bras. Pendant le trajet, il échange quelques mots avec le chauffeur, mais je ne les comprends pas. Enfin, il fait signe d'arrêter la voiture et nous descendons. C'est un quartier encore en construction où se succèdent des bâtiments sans charme. Nous marchons un moment dans les rues désertes avant d'arriver devant un immeuble moderne. Nous montons, à pied comme toujours à Rakka, jusqu'au cinquième étage. Là, il ouvre la porte d'un appartement et la referme à clé derrière nous. Il va déposer Hugo, toujours endormi, sur un matelas poussé dans un coin puis se tourne vers moi et, avec un grand sourire, me dit : « Ma sœur, mets-toi à l'aise ! On est ici pour la nuit. Je vais aller nous chercher à manger. Du poulet et des frites ? »

Incapable de parler, je hoche la tête et il ressort, me laissant seule.

L'appartement est quasiment vide. Quelques matelas, du carrelage par terre, une télé dans un coin, rien de plus. Je retire mon niqab.

Lorsqu'il revient, mon sauveur m'incite à me dévoiler complètement. Il se moque bien que je me couvre les cheveux. Il s'installe en tailleur par terre et nous partageons notre repas en discutant de choses et d'autres, mais surtout pas de la situation. Tout ce que m'apprend Malik, dont ce n'est pas le vrai nom, est qu'il a vingt-cinq ans et qu'il est marié. Je ne découvrirai sa vraie histoire qu'une fois rentrée en France. Quand la révolution a commencé, il était étudiant. Il a pris part à la vague de révolte qui a embrasé le pays. Depuis cinq ans, il se bat. Il fait partie du tout petit groupe de rebelles à être resté clandestinement dans Rakka quand l'État islamique y a pris le pouvoir. Comme ses frères de résistance, il porte les attributs des extrémistes, barbe et cheveux longs. Ces hommes travaillent en secret à saboter tout ce qu'ils peuvent. Notamment, ils sont spécialisés dans les opérations d'exfiltration.

Mais là, nous parlons plutôt de la France ainsi que de ses émissions préférées. Quand Hugo se réveille, il joue avec lui et le fait rire. Puis il allume la télé qui capte par satellite des chaînes occidentales. Je n'ai jamais été une grande fan du petit écran, mais c'est avec un plaisir immense que je m'absorbe dans la contemplation d'une émission où nulle tête ne tombe à la fin…

Puis Malik me prend en photo en me demandant de tenir une pancarte couverte d'écritures que je ne déchiffre pas. Comme les otages obligés de brandir la revendication de leurs geôliers, je tiens fièrement celle de mon libérateur, souriant autant que possible. Il envoie la photo à Majid qui la fera suivre à Julien. Ensuite il allume une chicha et m'en propose. « Tu es fou ! C'est interdit ! Si on est pris, on sera fouettés en public ! »

Il éclate de rire. « Si on ne risquait que ça ! »

Il faut prendre des forces, demain va commencer notre grand voyage. Malik m'explique que nous partirons en convoi vers la frontière turque. Une voiture nous précédera. S'ils repèrent un des check-points volants, ils préviendront la voiture de queue qui essaiera de nous rattraper pour nous arrêter. S'ils n'y arrivent pas, eh bien ils feront usage de leurs armes. Malik dit cela avec le fatalisme de celui qui vit en état de guerre depuis longtemps. Nous serons au milieu, à moto. Malik me donne un document de circulation qui appartient à sa femme. Tant qu'on ne me demande pas de lever mon voile, tout ira bien. Il me recommande de ne jamais prononcer un mot. Car il n'y a pas d'hommes syriens en couple avec des étrangères – l'inverse est fréquent, les moudjahidine prennent souvent femme parmi la population locale –, on serait donc immédiatement démasqués. Je hoche la tête. Hugo et moi nous serons muets comme des tombes.

Je m'allonge tandis qu'il continue à fumer, à présent perdu dans ses pensées. J'ai peur de ne pas être capable de fermer l'œil de la nuit, tant les risques de la journée qui nous attend sont importants. Mais j'ai à peine le temps de formuler cela que je tombe dans un profond sommeil.

19

La route

Et c'est ainsi que je me retrouve sur la route poussiéreuse, assise en amazone sur la moto que conduit Malik, Hugo sur mes genoux, caché sous mon niqab. Nous avons réussi à sortir de Rakka sans difficulté. Malik connaissait les postes fixes de sortie de la ville et je pense qu'il avait graissé la patte de l'employé, car le contrôle a été rapide. Depuis, nous roulons sans accroc. Les moudjahidine qui montent au combat défilent en sens inverse. Le chemin est long et mon dos souffre des cahots. Je retiens Hugo si fort que mon bras me brûle.

Soudain, la moto s'envole, rebondit sur un nid de poule et retombe brutalement. Est-ce que je m'étais assoupie sans m'en rendre compte ? Ma prise se desserre autour du buste de Malik et je sens, horrifiée, que je glisse en arrière. Je n'ai plus de prise, je ne peux pas lâcher Hugo pour me redresser et je comprends que je vais tomber. Alors je m'arrondis tout entière autour du corps de mon fils dans l'espoir d'amortir sa chute.

Je tombe assise, mon coccyx cogne durement contre l'asphalte et je sens une douleur acide qui remonte en un jet le long de ma colonne vertébrale. Terrifié, Hugo s'est mis à hurler. Je tente de me dépêtrer de mon voile pour vérifier qu'il va bien sans m'exposer pour autant. Malik a pilé quelques mètres plus loin et il court vers nous, affolé.

« Ça va ? Le petit ? »

Hugo va bien, je le console. Mais je n'arrive plus à me lever. Malik regarde aux alentours. « Il faut repartir. On ne peut pas rester là. » Il me saisit par le bras et m'aide à me redresser. Je retiens un cri. Je pense que je me suis fêlé le coccyx, à tout le moins. Aux aguets, Malik m'aide à marcher jusqu'à la moto et à me réinstaller à l'arrière. « Tu peux tenir ? Tu peux ? »

Oui, je vais tenir. Des larmes de douleur coulent sous mon voile tandis que la moto redémarre. Je devine ses efforts pour aller doucement et éviter les bosses mais la seule vibration du moteur me cause une douleur telle que je dois me mordre les lèvres pour ne pas crier. « Ça va, maman ? » demande Hugo sous mon abaya. Maintenant qu'il est réveillé, il serre ses bras autour de moi et ça m'aide. « Ça va, maman va bien. »

La moto file.

Malik m'a expliqué qu'il y a huit postes fixes jusqu'à la frontière. On peut tous les éviter sauf un,

214

sur une voie incontournable. Il n'y en a pas d'autre possible. J'ai compris, à son ton soucieux malgré le sourire dont il ne se départit pas, que c'était l'inconnue de notre voyage.

Je me mets à prier. « Sauvez Hugo. Laissez Hugo revoir son père. J'ai fait une erreur, ne le laissez pas la payer à ma place. » Je ne sais pas qui je supplie avec une telle ferveur, mais ça me fait du bien.

On fonce vers la frontière.

À l'approche du check-point inévitable, Malik ralentit. La voiture de tête est passée. Nous avançons. Le garde en poste fait soudain demi-tour et entre dans la guérite. Par la vitre, je le vois qui attrape une bouteille d'eau et se met à boire à longues gorgées, se désintéressant totalement du trafic. Il est seul. Le passage est libre. Malik met les gaz et nous passons à toute vitesse.

Quelqu'un nous protège. Je marmonne fébrilement des remerciements et des encouragements. Nous ne sommes plus qu'à quelques kilomètres de la frontière.

Nous nous arrêtons devant une espèce de baraque, dans la région de Tal Abiad. Malik gare la moto et prend Hugo dans ses bras. Il m'aide à marcher. Je boite, la douleur est terrible. Je n'arrive pas à m'asseoir, alors je reste debout, adossée au mur. Malik nous laisse un moment, le temps d'aller nous chercher à manger chez des amis qui vivent non loin de là. À son retour, il joue avec Hugo en me lançant des regards inquiets. Il me force à manger un peu, mais je ne peux pas avaler, ça ne passe pas. « Ça va aller, ma sœur, courage. » Je hoche la tête.

Enfin, un homme toque à la porte et nous nous mettons en route. C'est le moment de passer la frontière.

Je regarde autour de moi, le paysage morne, les barbelés qui s'étendent. Je ne vois ni militaires ni policiers. D'autres fugitifs apparaissent, venant de je ne sais où. C'est un no man's land à travers lequel des dizaines de personnes sorties d'on ne sait où se ruent, de plus en plus rapidement, courant bientôt. Des tenailles sortent, les barbelés sont cisaillés. Malik a pris Hugo sur ses épaules, je vois mon petit garçon qui surplombe la foule et je m'efforce de suivre le rythme. De l'autre côté des barbelés, il y a un fossé boueux. En essayant d'enjamber le talus, je sens une résistance : mon niqab s'est coincé dans un bout de fil de fer. Je tire, on me bouscule, je m'affole en sentant le tissu glisser de mes cheveux, mais tant pis, il n'y a rien à faire, je tire un coup sec et le voile se déchire, laissant mon visage et ma tête à découvert. L'air frais et vivifiant me redonne de l'énergie mais j'ai du mal à avancer aussi vite que les autres, mes ballerines glissent dans la boue, je sens que je perds une chaussure, puis l'autre. Impossible de se retourner, je continue pieds nus. Je cours. Je tombe, me relève. La bousculade est inouïe et complètement silencieuse. Tout le monde court pour sa vie. Comme une désespérée, je m'accroche du regard à la petite tête de Hugo et je fonce.

Nous sommes en Turquie.

Les pieds en sang, je titube derrière Malik que j'ai réussi à rattraper. Hugo toujours sur les épaules, il me tient par le bras et m'encourage. Je suis hagarde et puis il dit : « Allez, cours Cendrillon, cours. » Je lève la tête, interloquée. Il me regarde avec ce sourire et je ne peux pas m'empêcher de rire. Je suis une sacrée Cendrillon, il a raison, avec mes bas déchirés et couverts de boue, mon niqab loqueteux, mes cheveux hirsutes. « Où est mon carrosse ? » je lui demande. Il éclate de rire : « Pas loin, pas loin. Encore un effort. »

Nous traversons des champs déserts. Dans chacune des maisons qui bordent ces parcelles, des Turcs accueillent ceux qui fuient. Malik me désigne une petite ferme : c'est notre destination.

À l'intérieur, on me donne de quoi laver mes pieds. Quelques-unes des coupures sont profondes. Malik me propose ses baskets. Je refuse, mais il insiste : je n'irai pas très loin avec les pieds dans cet état. Ses chaussures sont beaucoup trop grandes, il se moque de moi pour faire rire Hugo, je ressemble à un clown.

Un taxi vient nous chercher pour nous conduire vers Gaziantep. Le soir tombe sur la campagne. J'ai peine à croire que nous sommes tirés d'affaire. Et pourtant, nous avons réussi, nous sommes sortis de Syrie.

Après une petite demi-heure de route, Malik fait signe au taxi de s'arrêter. Nous changeons de véhicule. Même de ce côté de la frontière, les règles de sécurité demeurent drastiques. Il y a beaucoup d'attentats ciblés et les Syriens en exil et autres opposants à l'État islamique se cachent. Dans notre nouveau véhicule nous attendent deux hommes d'une cinquantaine d'années. L'un d'eux est le commandant de la brigade clandestine de l'ASL à Rakka, c'est lui qui a organisé notre extraction. L'autre, un Syrien en exil, va nous accueillir chez lui. Ils fument tous les trois comme des pompiers, Hugo et moi avons mal au cœur mais il me paraît difficile d'embêter mes sauveurs. J'entrouvre la fenêtre et me dis que c'est un bien petit inconvénient à supporter, maintenant que nous sommes sauvés… Je me répète encore une fois : sauvés. Mais je ne ressens pas encore le soulagement espéré. À l'intérieur de mon ventre subsiste une boule de tension.

Nous déposons Malik quelque part. Il va se reposer un peu, puis il repartira au combat. Je le serre contre moi en pleurant. Je ne le reverrai jamais. Prise d'une impulsion, je fouille dans la doublure de mon sac où j'ai caché mon argent français et je lui tends mes billets. « Prends-les, je t'en prie. » Embarrassé, il refuse fermement puis se penche pour embrasser Hugo, qu'il a porté comme son propre enfant. Je lui rends ses chaussures et nous rions et pleurons à la fois. Ma reconnaissance est totale. Il s'éloigne, plein de courage, vers son destin. De dos, il me paraît bien fragile.

Enfin, nous arrivons dans l'appartement où nous allons être hébergés. Une petite femme ronde et joyeuse nous accueille avec enthousiasme et générosité. En houspillant son mari, elle me conduit à la salle de bains, me tend des affaires pour Hugo et pour moi, puis retourne dans la cuisine préparer à boire et à manger.

C'est la première douche de la liberté. Dans le miroir vite couvert de buée, je regarde mon corps, squelettique. J'ai les cheveux secs, ils ont beaucoup repoussé depuis ma dernière coiffure, coupe et teinture rouge, mes épaules sont si fines que j'ai l'impression que ma tête est énorme et qu'elle risque de basculer. Je suis effarée par mon état physique. Je me lave soigneusement, je frotte pour faire partir la saleté du voyage, la poussière de la route, les larmes et la peur de la Syrie. Je lave Hugo tout aussi soigneusement. Puis nous revêtons les vêtements que notre hôtesse nous a préparés, un jogging rose pour moi, un rouge pour Hugo.

Dans le salon, on parle jusque tard dans la nuit. Mes hôtes, qui ont dû fuir leur pays à cause de la guerre, me pressent de questions sur l'état de Rakka et sur mon parcours. Nous buvons du café turc, épais et amer, qui ne m'empêche pas de m'endormir en tenant Hugo serré contre moi, sur le canapé au milieu d'eux, en pleine lumière, dans le bruit et la fumée. Ma tension s'évanouit enfin et il ne reste que la douleur dans mon dos, dans mes pieds, dans l'épaule à force d'avoir tenu Hugo contre moi. Mon corps n'est qu'une blessure mais je dors, bercée par les conversations en arabe, et je sens à peine la couverture que mon hôtesse tire sur nous.

20

Le retour

C'est le lendemain dans la soirée que Julien entre dans la chambre où Hugo vient de s'endormir. Je ne parviens pas à me lever. En deux enjambées, il traverse la pièce et me prend dans ses bras. Je vois qu'il pleure. Moi, je n'en ai plus la force. Je suis sortie de l'enfer. Je le sais enfin, maintenant que les bras de mon mari se referment autour de moi.

Puis il prend Hugo, qui ne se réveille pas. Il serre son fils passionnément et j'ai envie de lui demander pardon, mais les mots ne sont pas assez forts. « Tu vas avoir des explications à fournir, Sophie », prévient-il entre ses larmes.

Nous sortons tous les trois de la chambre et l'on me présente Anton, mon sauveur. Ils ont versé le montant de ma libération. Mes sauveurs expliquent pourquoi le prix est si élevé. L'urgence de l'opération la rendait plus compliquée à monter et donc plus chère. Ils ont l'air presque gênés de prendre l'argent.

Anton dit qu'ils sont déçus que ce ne soit pas les services français qui soient venus nous récupérer. Ils espéraient prouver à la France qu'il reste des résistants en Syrie, capables d'organiser des opérations clandestines au cœur même de la capitale de l'État islamique. Les rebelles se battent seuls depuis si longtemps maintenant.

Nous prenons congé de nos hôtes. Les circonstances exceptionnelles créent des liens exceptionnels et la jeune maîtresse de maison et moi nous serrons dans les bras comme des amies de toujours. Je suis malheureuse à l'idée de les quitter. Nous sommes si proches les uns des autres, à cet instant.

J'ai du mal à remettre des chaussures. Mes plaies légèrement infectées ont gonflé. C'est en prenant appui sur Julien que je gagne le taxi qui nous emmène à l'Holiday Inn de l'aéroport.

Là, nous avons rendez-vous avec le personnel consulaire et deux inspecteurs turcs. Pendant que Julien monte avec Hugo toujours endormi dans la chambre, je m'installe dans la salle à manger déserte pour répondre à des questions non pas sur mon parcours, mais sur Rakka. Ils me font répéter les noms de tous les gens que je me rappelle avoir vus là-bas, ils essaient de me faire préciser les localisations des endroits où je suis allée. Il est tard lorsqu'ils se retirent.

Je monte me coucher.

Le lendemain matin, je sens une petite main secouer mon épaule. C'est Hugo, debout, à ma tête.

« Maman, maman. C'est papa qui est là ? » Il n'arrive pas à y croire. J'éclate de rire. Fou de joie, Hugo se jette sur son père, chuchotant passionnément : « Mon papa, je ne te quitterai plus jamais. » À partir de ce moment, en effet, il ne lâchera plus son père d'un seul pas.

Nous partons pour l'aéroport. N'ayant pas pu récupérer nos passeports, je n'ai pour voyager qu'un feuillet préparé par le consulat, une sorte de laissez-passer. L'attaché rencontré la veille s'est à nouveau déplacé à l'aéroport pour s'assurer que tout se passe bien.

Nous nous envolons pour Istanbul sans trop de mal. À l'arrivée, un douanier nous retient. Les consignes sont de ne surtout pas avouer que je viens de Syrie. Les djihadistes repentis sont en général emprisonnés quelque temps dans les geôles turques quand la police parvient à leur mettre la main dessus. Mais après un peu d'insistance et un coup de fil au consulat qui a établi nos documents de voyage, on nous laisse finalement passer.

Dans l'avion, je me sens vide, cafardeuse. Le trop-plein d'émotions des derniers jours m'a menée à saturation. Je me demande ce qui m'attend au retour. Il va falloir que je m'explique, je ne l'ignore pas. Je pense à ma sœur, à mes nièces. À Julien, aussi, bien sûr, qui me tient la main. Cela me paraît vertigineux. Nous entamons la descente vers Paris. Je me représente la maison. La vie va reprendre.

La sortie de l'appareil prend un temps fou, les passagers piétinent devant nous. Nous tournons le coin, et je vois les raisons de cet embouteillage : un contrôle de police, au bout du couloir. Je comprends tout de suite que c'est pour moi. Je déglutis.

C'est mon tour.

« Vos papiers, madame. »

Je tends le document du consulat. L'agent en uniforme le contemple puis lève les yeux vers une femme qui se tient juste derrière lui. « Veuillez faire un pas de côté, madame. Nous sommes du ministère de l'Intérieur, je vais vous demander de nous suivre. » Les regards des passagers sont braqués sur moi, j'essaie d'en faire abstraction. La femme vérifie les papiers de Julien et de Hugo. « Puisque le papa est là, je vais laisser partir votre fils avec lui. Vous avez l'air calme, je ne vous mets pas les menottes, mais promettez-moi de bien vous tenir. Vous serez raisonnable ? »

Je fais oui de la tête. « Je peux embrasser le petit ? » Elle me laisse faire. Je dis au revoir à Julien, à Hugo, puis je suis les trois officiers de la DGSI.

21

DGSI

Je suis en garde à vue, pour une durée qui peut aller jusqu'à quatre-vingt-seize heures, au siège de la DGSI, à Levallois-Perret. On m'a pris mon téléphone, mon blouson, mon argent. J'ai refusé l'assistance d'un avocat, je ne vois pas à quoi ça me servirait. J'attends mon premier interrogatoire, assise dans une petite cellule propre et froide.

Tout est fixé au sol. Sur une paillasse en béton, une couverture en papier est posée. J'ai la tête vide. J'ignore ce que je risque.

Quand on vient me chercher, on me met des menottes pour la première fois de ma vie. Mais je suis tellement assommée par tout ce que je viens de vivre que je ne ressens rien. Mon corps m'indiffère, la douleur et l'inconfort m'indiffèrent. Je ressens un profond détachement. La seule chose à laquelle je parviens à penser, c'est qu'il faut que je retrouve mes proches et que je me fasse pardonner ma folie.

J'avance dans le couloir, les mains dans le dos. Les autres cellules sont occupées aussi, par des hommes d'après la taille des baskets rangées devant les portes.

Arrivée dans le bureau où m'attend un officier, on me fait asseoir et on me libère les poignets. L'interrogatoire commence. Pour la première fois, je raconte de bout en bout le trajet qui m'a menée de la maison de quartier jusqu'à Rakka. Je réponds à toutes les questions, je prends le temps de réfléchir quand j'ai une hésitation. Je dis tout.

On me ramène en cellule. Je suis très fatiguée. Je m'allonge mais j'ai du mal à dormir. J'ai envie de rentrer à la maison.

Quatre heures plus tard, on vient me chercher. On me repasse les menottes. Tout se répète, je me retrouve assise devant le même officier et alors, on reprend à zéro. Il me fait répéter mon histoire. Des détails resurgissent. Il insiste sur tel ou tel point. Comme les policiers turcs, ce sont les faits qui l'intéressent, il veut des noms, des dates, des lieux. Je réponds à toutes ses questions, puis on me ramène dans ma cellule. J'accepte quelque nourriture, une pomme et des biscuits, mais j'ai toujours énormément de mal à avaler. J'essaie de me reposer. Je n'ai aucune notion du temps, il n'y a pas de fenêtre, je n'ai pas de montre. J'attends. À nouveau, on vient me chercher pour un interrogatoire.

Je vais passer deux jours à la DGSI, quarante-huit heures, et je vais être entendue huit fois. Le premier jour, par un homme bienveillant et attentif. Le deuxième, par un agent glacial et méprisant. Mais les questions sont les mêmes et se succèdent, inlassablement. Le deuxième jour, mes réponses se font plus succinctes, j'estime avoir tout dit et le nouvel officier est franchement hostile. Mais je reste calme et polie. J'entends, dans les cellules voisines, des cris, sans pouvoir distinguer ce qui se dit.

Enfin, on m'annonce que je sors. Un agent m'accompagne à la sortie. « Comment je vais faire pour rentrer ? Est-ce que vous avez prévenu mon mari ?

— Ne vous inquiétez pas, on s'occupe de tout », me répond-on.

Et en effet, ils s'occupent de tout : une voiture de police, du commissariat d'Élancourt, m'attend à la porte. « Une plainte a été déposée contre vous pour soustraction d'enfant par ascendant. Nous allons vous conduire devant la juge. »

Je suis abasourdie.

22

Les filles de la maison d'arrêt

Gyrophare allumé, on fonce vers le tribunal de Versailles. Là on me place à nouveau en cellule, dans un cagibi immonde aux murs couverts de vomi et de merde séchés. Je suffoque, l'odeur est insoutenable. Mais j'essaie de relativiser. Il y a quatre jours seulement, je m'évadais d'une prison à Rakka. J'en ai vu de plus vertes.

Au bout d'une vingtaine de minutes, on m'extrait de ma cellule, toujours les mains dans le dos, pour me conduire dans une salle où attend une jeune avocate commise d'office. On a un petit moment pour préparer mon audition devant la juge. Je suis effarée de l'ignorance de la jeune femme. Elle ne sait rien de mon affaire, son dossier est incomplet, je sens qu'elle ne va pas être utile. Au bout de dix minutes, elle considère qu'elle en sait assez et on me ramène en cellule. Cela ressemble à une parodie de justice. Je ne vois pas qui pourrait faire son travail correctement dans ces conditions, et comment va-t-on me défendre si on ne sait rien de moi ?

Enfin, c'est le moment de rencontrer la juge d'instruction. J'entre. Je suis dans un état second, épuisée, hébétée. La greffière lit l'acte d'accusation. J'écoute, j'entends les mots, mais je ne les comprends pas. J'ai du mal à croire que l'on parle de moi. La juge pose quelques questions auxquelles je réponds de mon mieux. L'avocate n'intervient pas une seule fois. On me ramène en cellule, elle n'a pas dit un mot. Cette fois, je suis indifférente à la crasse. Je tente de comprendre ce qui m'arrive. Mais après seulement quelques minutes – et je devine immédiatement que ce n'est pas bon signe –, l'agent revient me chercher. La juge rend son verdict : elle a pris la décision de m'incarcérer à la maison d'arrêt de Versailles pour une durée qui n'excédera pas quatre mois. Je suis interloquée. Je comprends qu'à peine libérée, je vais être à nouveau enfermée. Je me tourne vers mon avocate, désemparée. « Voulez-vous contester la décision ? » me demande la juge. J'acquiesce. On me conduit donc, dans la foulée, par une sorte de procédure d'appel immédiat, jusqu'au bureau du juge des libertés. Le représentant du procureur prend la parole le premier et part dans une grande plaidoirie, évoquant la dangerosité du pays où j'ai entraîné mon fils. En toile de fond, je le sais, il y a le spectre du terrorisme islamiste. En dépit du chef d'accusation auquel ils sont censés se tenir, je vois bien qu'ils ne sont pas en train de défendre Hugo mais de me punir pour ce que j'ai fait. Je prends la parole à mon tour et plaide avec toute ma force de conviction. « Je ne suis pas dangereuse. J'ai fait une erreur, une grave erreur, à un moment de ma vie où j'étais très fragilisée. Je regrette énormément la peine que j'ai pu causer. Mais je ne suis pas dangereuse, je n'ai participé à aucune action violente, au contraire, j'ai été retenue contre ma volonté. J'ai besoin d'être près de mon enfant et lui a besoin d'être près de sa mère. Nous voulons nous reconstruire ensemble, mon mari vous le dirait s'il était là.

— La décision de mon confrère est confirmée, tranche la juge des libertés. Vous serez incarcérée à la maison d'arrêt de Versailles, immédiatement. Vous verrez, elle est très bien. »

Je pleure toutes les larmes de mon corps. Je n'en crois pas mes oreilles : j'étais sûre de sortir tout de suite. Je n'ai rien à me reprocher, sauf mon comportement à l'égard de mes proches. J'ai été victime d'un embrigadement, j'ai été abusée, je me suis arrachée à cela au péril de ma vie et on m'enferme ? Je n'en reviens pas. Est-ce qu'on m'aurait traitée comme cela si j'avais été embarquée dans une secte ? Entre mes larmes, je griffonne le numéro de Julien et le tends à l'avocate : « Prévenez mon mari, s'il vous plaît, dites-lui ce qui arrive. »

La police me conduit à la maison d'arrêt, qui est juste à côté. C'est un vaste bâtiment devant lequel je suis souvent passée sans jamais me poser de questions sur les femmes qui y vivent. Les portes blindées s'ouvrent cette fois pour moi, grincent, claquent et m'avalent. En guise de clés, des badges qui bipent à toutes les portes. Je me retrouve, toujours en sanglots, devant le gardien chargé des admissions, un beau garçon sportif aux cheveux blonds. J'apprendrai bientôt que les filles le surnomment Brad Pitt. Il a les yeux très clairs, l'air gentil. Il me tend des mouchoirs : « Allons, allons, c'est pas si terrible, vous allez voir. Il y a des détenues qui sont bonnes filles. Ça va aller… » Mes sanglots redoublent. Je vais me retrouver dans une cellule avec des criminelles, des meurtrières peut-être. On me donne un numéro d'écrou. Je suis devenue une détenue.

Je passe les premiers jours dans la cellule des arrivantes. C'est une station d'observation qui permet au personnel pénitentiaire d'évaluer le caractère des détenues afin de les répartir de la manière la moins problématique possible. Je partage les lieux avec une autre nouvelle, une petite dame qui a l'air très calme. Elle me raconte d'une voix tranquille qu'elle a assassiné son mari. Je ne ferme pas l'œil de la nuit, je refuse la nourriture et les médicaments, je me sens acculée.

Le lendemain, le major qui dirige la prison me reçoit pour un entretien : « Je vais vous mettre dans une bonne cellule, avec des filles gentilles. Restez discrète, ne racontez pas votre vie à tout le monde, et tout ira bien. Ne répondez pas aux questions, préservez-vous. »

Nous sommes six dans une cellule prévue pour deux. Mais je n'ai pas rencontré des détenues, j'ai rencontré des amies dans l'adversité, qui m'ont accueillie et qui se sont occupées de moi quand j'étais trop faible et trop abattue pour le faire moi-même, sans rien demander en retour. Nous avons tout fait pour rendre humaines nos relations, luttant à chaque instant contre la déshumanisation engendrée par le système carcéral.

Chloé a vingt ans. Issue d'une famille pauvre du nord de la France, elle a été violée par son beau-père de huit ans à treize ans, quand elle s'est enfuie de chez elle. Elle a vécu dans la rue où il lui est arrivé des choses très dures. Elle a pris beaucoup de drogue, elle a eu un enfant qu'on lui a retiré, puis elle a rencontré l'amour en la personne de Cédric, un Ch'ti comme elle, qui cogne un peu quand il est trop défoncé, mais qu'elle aime d'amour fou. Avec lui, elle a fait des cambriolages avec violence. Ils sont tous les deux incarcérés, mais elle ne rêve que de le retrouver. Chloé est la seule de notre cellule à avoir eu une place à l'atelier. Elle met son argent en commun, elle cantine pour nous toutes et elle nous chante les tubes de la *Nouvelle Star*. Elle est au courant de la moindre chose qui se passe dans la prison. Son seul péché, à notre connaissance, c'est son addiction au feuilleton *Plus belle la vie* qu'elle regarde religieusement tous les soirs. Par amitié pour elle, nous faisons toutes le silence. Elle est enceinte. Quand le bébé sera né, on l'enverra à Fresnes où il y a une nurserie. Elle pourra le garder jusqu'à ses dix-huit mois. Ensuite, je ne sais pas ce qu'il deviendra.

Rona n'a pas vingt-cinq ans. Elle est issue de la communauté des gens du voyage. Elle est là pour agression et barbarie, c'est la seule d'entre nous à avoir été condamnée pour un crime et non pour un délit. Son petit frère de dix-huit ans a été, lors d'une soirée trop arrosée, violé et battu par une de leurs connaissances. Rona et ses cousins l'ont vengé : ils ont attrapé l'agresseur, l'ont tabassé presque à mort, avant de le relâcher contre une rançon. Elle est d'une gentillesse extrême.

Marianne a soixante ans mais prétend en avoir quarante-trois. C'est une grosse dame très joyeuse et prétentieuse, complètement nymphomane. Originaire du Cameroun-Brazzaville, c'est une catholique fervente. Elle chante des hymnes à tue-tête en faisant le ménage. Accusée d'importantes fraudes aux allocations familiales, elle se déclare innocente. Elle est chaleureuse et bienveillante, mais a l'énorme défaut de ronfler à faire trembler les murs.

Charline est une étudiante de bonne famille qui n'a pas osé décevoir ses parents. Tombée amoureuse du mauvais garçon, elle l'a accompagné dans une série d'escroqueries. Elle a tellement honte d'être là qu'elle a dit à ses parents qu'elle était en séminaire à l'étranger pendant un an. Elle ne reçoit aucune visite.

Tous les matins à 7 heures, les surveillants passent vérifier qu'on est toujours bien là et que personne ne s'est pendu. Les plus gentils se contentent d'un signe de la main, pour les autres, il faut se lever et s'approcher de la porte. Ça met Chloé de très mauvaise humeur et nous devons nous relayer pour la calmer. C'est aussi l'heure de la distribution du pain pour la journée. Les surveillants, outre Brad Pitt, s'appellent Barbie, Cruella et Kaput.

Dans notre cellule, malgré la surpopulation, les lieux sont impeccables. Nous sommes toutes maniaques. Chloé, qui fait des insomnies à cause de sa grossesse, en profite pour récurer les coins de la pièce. Nous tenons les lieux au carré.

La religion n'est pas absente de notre cellule. Je n'ai parlé de l'islam à personne mais Chloé, elle, s'est convertie et elle prie régulièrement. Marianne, entre deux chants chrétiens, nous parle de son mari qui serait juif – mais, bien que nous ne la contredisions jamais frontalement, car cela a pour effet immédiat de déclencher ses sanglots, nous ne croyons pas un mot de ce qu'elle nous raconte. La famille de Charline est chrétienne également. Comme moi, elle parle très peu d'elle et je ne sais pas exactement ce qu'elle a fait pour se retrouver ici. Mais Chloé, Rona et Marianne font assez de bruit pour nous toutes. La sixième, Hope, est une Nigériane qui est tombée pour proxénétisme en bande organisée. Elle a trente-quatre ans et on sent qu'elle a davantage vécu que la plupart des gens durant une vie entière.

Mon contrôle judiciaire, très strict, m'interdit de communiquer avec mes proches, y compris Julien, je ne reçois donc aucune visite et n'ai pas le droit de téléphoner. De toute façon, on ne m'a pas rendu mon argent, je n'ai donc pas de quoi m'offrir le moindre extra. En prison, tout est payant et rien n'est bon marché. Je ne sais pas ce que sait Julien – j'apprendrai plus tard que personne ne lui a rien dit, qu'il est venu, plusieurs fois avec Hugo, jusqu'à la prison en demandant à me voir, ou simplement à avoir de mes nouvelles. Il m'écrit tous les jours mais la juge censure tout le courrier pendant le premier mois de ma détention.

Je sors peu de ma cellule. J'entends des disputes, des bagarres sauvages, je n'ai pas envie de me trouver au centre d'un problème. Les filles m'encouragent, elles trouvent que ce n'est pas sain de rester enfermée tout le temps. Si elles savaient… Elles sont assidues à la bibliothèque, dans la cour de promenade, la salle de gym… Elles sont au courant de tout, elles sont magouilleuses et débrouillardes. Ce sont des filles habituées à survivre, leur faculté d'adaptation est impressionnante.

Je passe de longues heures allongée sur mon lit. Je lis et j'écris beaucoup, et puis je pleure quand je suis seule, sans retenue, comme si j'évacuais dans mes larmes toute la colère et la peur de ces derniers mois. Je repasse, des heures durant, l'enchaînement des événements. J'essaie de comprendre ce qui m'est arrivé.

Au bout d'un mois, le courrier m'est enfin autorisé et je reçois les premières lettres de Julien. Sur le conseil d'une détenue, j'engage un jeune avocat d'un gros cabinet. Le djihadisme fait l'actualité, mon affaire l'intéresse. Malheureusement, ma demande de libération anticipée est refusée.

Je lis. Je réfléchis. J'écris à Julien, à ma sœur, à mes nièces. La faille en moi est toujours là, je la sens, je la vois. Je l'ai explorée plus profondément que jamais, je sais maintenant qu'elle ne se refermera pas. J'espère la connaître suffisamment, désormais, pour ne plus laisser une religion, une idéologie ou même un individu s'y engouffrer et me manipuler.

Je sors en juin de la maison d'arrêt de Versailles, après deux mois passés en prison, et je retrouve mon fils et mon mari. Je dis adieu à mes compagnes d'un temps qui ont passé quelques semaines, gentiment, à essayer de me remettre sur pied sans me poser trop de questions. Je ne les reverrai probablement jamais, comme je ne reverrai pas Malik, qui m'a sauvée, Madana, qui nous a hébergés Hugo et moi, Souria, qui avait cuisiné des pâtes pour le petit et qui craignait les effets des images de torture sur son bébé in utero, Houda, qui m'a nourrie et m'a prêté ce jogging rose, Anton et Majid sans qui rien n'aurait été possible. J'aimerais rendre hommage à ceux qui m'ont aidée, ceux qui ont pris des risques pour nous, ceux qui ne m'ont pas jugée, même s'ils ne m'ont pas toujours comprise. Mon cœur est pour toujours à ceux qui nous ont permis de retrouver la liberté, en Syrie, en Turquie ou en France. Je veux également remercier ma famille et beaucoup de mes proches qui ont formé autour de nous, à notre retour, un bouclier humain indestructible qui m'a sauvée quand mon moral était au plus bas. Merci à eux qui savent que la dépression n'est pas un choix, un mode de vie, ou une faiblesse de caractère, mais une terrible maladie.

Peu de temps après ma sortie de prison, j'ai appris qu'Idriss et Mohammed étaient morts au combat. Leurs familles ont reçu une lettre testament. De Souleymane, on n'a pas de nouvelles à ce jour.

Table

*Composition réalisée
par Rosa Beaumont*

Impression réalisée par

en décembre 2015

Dépôt légal : janvier 2016
N° d'édition : 55057/01
N° d'impression : 3013673